ROMANOS

Las verdades fundamentales de Romanos 1-8

Escrito por Bob Warren

Traducido por Sarah Cunningham

Redacción: Jaime Massó, Jair Tapia, Leonardo Vargas

Diseño de tapa por Dan Carter & Brent Armstrong

ISBN: 978-1-62727-002-1

Contenido

Introducción

¿Conoces a Cristo? Digo, ¿lo conoces como tu amigo, tu compañero, tu vida? ¿Desean las personas que están alrededor de ti lo que tienes con Jesucristo? ¿Ves cada día como una oportunidad para demostrar el carácter y amor del Salvador, aún cuando no tienes ganas de hacerlo? Si dudaste en tu respuesta a alguna de estas preguntas, este estudio de Romanos 1-8 es exactamente lo que necesitas.

Este estudio cubre Romanos 1-8, que podría ser la sección más importante de la Palabra de Dios. Ninguna porción de la escritura ha definido mi vida como estos ocho capítulos. Tu tiempo en este libro debe (1) dar resultado a un entendimiento más profundo del sacrificio de Cristo en la cruz y (2) darte un deseo mayor de amar a Cristo con todo tu corazón. Después de todo, "*la fe*" puede obrar efectivamente solo por medio de "*amor*" (Gálatas 5:6).

> *Porque en Cristo Jesús ni la circuncisión ni la incircuncisión significan nada, sino la fe que obra por amor.* (Gálatas 5:6)

Recientemente, mientras yo enseñaba el tema de la fe, pregunté a la clase si la fe necesaria antes de la salvación se origina del hombre o de Dios. Me sorprendió mucho cuando muchos de los estudiantes respondieron, "de Dios." Algunos de ellos habían completado el estudio original de Romanos 1-8, así que instanteamente vi la necesidad de desarrollar mi comentario del tema en la edición presente. Por ejemplo, escribí en la página 34 del estudio original de Romanos 1-8: "Hace varios años vi mi necesidad de un Salvador. Cuando esto ocurrió, básicamente solo elegí mirar al cielo, y Dios hizo el resto. Él (en ese momento) me dio arrepentimiento (2 Timoteo 2:25, Hechos 11:18), me dio fe (Romanos 12:3), y entonces fui justificado." Me causó curiosidad el número de estudiantes que, como resultado de estas palabras, han malentendido mis creencias sobre el arrepentimiento y la fe. Si eres uno de esos estudiantes, te pido disculpas por no escribir más sobre esos temas en ese estudio original. Simplemente asumí que las declaraciones, "Hace muchos años vi mi necesidad de un Salvador" y "cuando ocurrió, básicamente solo elegí mirar al cielo, y Dios hizo el resto," comunicaron que la fe que usé antes de la regeneración espiritual (y cuando estaba depravado espiritualmente) se originó en mí. Asumí incorrectamente que las palabras, "vi mi necesidad de un Salvador" verificaron que la fe era usada- y que ambos el arrepentimiento y la fe fueron usados en mi depravación espiritual antes de recibir la salvación de Dios.

Sin duda, se nos dio "...*la medida de fe*" (Romanos 12:3) una vez que fuimos hechos nuevos en Cristo después de arrepentirnos y creer cuando estabamos depravados espiritualmente. Sin embargo, esta no es la misma fe que Dios requiere de la persona depravado espiritualmente antes de colocarla en Su Hijo. Este tema se cubre a profundidad en la Semana 7 del estudio. Por consecuencia, si te queda alguna duda, debes saber que la ayuda está en camino. Por cierto, el término "depravación" indica nuestro estado perdido antes de ser regenerados espiritualmente. En otras palabras, *ser depravado espiritualmente* quiere decir ser perdido y separado de Dios. Sin embargo, las personas depravadas son capaces de arrepentirse y tener fe antes de la regeneración espiritual, como se descutirá más adelante. Recuerda esto mientras continuamos, porque los términos "depravación" y "depravado" se usan en todo el estudio. Si te interesa, he escrito una obra [en inglés*] que se llama *God's Heart: As it Relates to Depravity*, un libro que trata este tema en detalle.

Si has sido introducido a este estudio antes, notarás que revisiones han sido hechas por todo este texto. Están presentes por el cambio teológico que ha ocurrido dentro del circulo cristiano desde la publicación anterior. Mucho puede cambiar en veinte años, y ha cambiado.

Sí, un cambio teológico ha ocurrido para confusión de muchos. Por eso, muchos temas que se mencionaron brevemente en el estudio original Romanos 1-8, se tratan en más detalle en este estudio. La meta es que todo lector entienda exactamente lo que se comunica, un verdadero reto considerando la abundancia de ideas inundando la cristiandad hoy en día.

Ya no enseño asumiendo que la definición de un término teológico de la audiencia sea igual a la mía. Nuestra presente era postmoderna, que niega los absolutos e ignora contradicciones, dicta este comportamiento. Cuando un sistema, independiente de su designación, redefine palabras para preservar una noción preconcebida, el sistema se hace más valioso que la verdad. Entonces el pragmatismo toma precedencia sobre la verdad, y la verdad se reduce a la ideología del hombre. Cuando el pragmatismo reina, el sistema que se proclama de producir la vida produce una muerte agonizante. Esta tragedia ocurre hoy día, aún dentro de las fronteras de la cristiandad. Por eso, nuestra única esperanza es conocer la verdad basada en su contexto, permitiendo que las definiciones se queden como eran cuando Dios escribió su carta infalible al hombre.

Como profesor, te prometo no esconder ni una parte de lo que creo sobre el Creador y Su Palabra. Por consecuencia, mi corazón y mi alma no están solamente incrustados dentro de las fronteras de este estudio, sino también están al descubierto ante ti. Mi política es decir y escribir exactamente lo que creo que es la verdad- aunque algunos, tal vez muchos, no estén de acuerdo. Esta mentalidad me ha servido bien durante los años, pues confío que gozarás lo que sigue.

Hoy día debemos definir específicamente los que decimos mientras usamos ciertos términos teológicos. Esta necesidad es debido al cambio del medio ambiente teológico de hoy día que se menciona anteriormente. Por ejemplo, la palabra "salvación" puede tener un significado diferente para ti y algo totalmente diferente para otra persona. Lo mismo aplica a "fe," o "perdón," o tu "identidad" en Cristo. Estos términos se usan muchas veces como si fueran percibidos idénticamente por todos los creyentes. Debido a que estos términos no son entendidos universalmente, nació esta edición revisado de Romanos 1-8.

He escrito desde un marco de referencia sin limitaciones. En otras palabras, he escrito asumiendo que: (1) El lector no sabe nada respecto al tema ó (2) El lector ha definido los términos involucrados de una manera totalmente diferente. Por eso, algunas personas, independientemente de su nivel de madurez pueden, beneficiarse de este estudio revisado, incluso si no están de acuerdo con sus conclusiones. Después de todo, si tenemos confianza en lo que creemos, debemos recibir cualquier argumento contra lo que creemos que es la verdad. De otra manera, nos hemos convertido en personas a las que no se les puede enseñar, sin duda una condición peligrosa.

Este estudio es fácil de seguir. Seis días de cada semana, debes leer la Escritura y responder a preguntas correspondientes a la lección. También hay incluidas lecciones que no solamente se deben responder a las preguntas, sino también se relacionan con el estudio de la semana. Si no puedes responder a una pregunta en particular (después de usar todos los recursos), siéntete libre de mirar la porción de la lección que pertenece a la pregunta. La respuesta debe ser provista.

Haciendo el estudio con una o más personas es mejor (Eclesiastés 4:9-12). Comentar con tus compañeros de clase estimulará al crecimiento y también añadirá una dimensión emocionante a la experiencia. Aún, si tu unica alternativa es hacerlo solo, estará bien. Asegúrate de mantenerte responsable para terminar lo que has empezado.

Si necesitas copias adicionales del estudio, agradecíamos que nos contactes. Procesamos y enviamos todos los requisitos en tres a cinco días áviles. Porque el producto de estos materiales ayuda proporcionar las necesidades de The Hill, te pedimos no hacer tus propias copias. Gracias por honrar nuestra petición. Si necesitas copias, envíanos un email a preguntas@lifeonthehill.org.

Se cubre el estudio en 19 semanas. Seis a siete semanas de estudio son requeridas para edificar una base para apoyar las verdades fundamentales de las siguientes semanas. Las verdades en Romanos 1-4 son esenciales, pero lo más importante del libro se encuentra en Romanos 5-8. Si no tienes diecinueve semanas para dedicar al estudio, quizás debes empezar con las preguntas de Semana 7 (Romanos 5:1). Si eliges esta ruta, asegúrate leer las lecciones que se asocian con las Semanas 1-6 más adelante.

¿Quieres ser libre? Digo, ¿verdaderamente libre? ¿Quieres saber lo que significa que Cristo vive Su vida mediante de ti? ¿Deseas verdaderamente, como Pablo, *"conocerlo"* (Filipenses 3:10)? Si es así, has empezado un viaje que puede darte ese fruto. Dios mismo te cambiará, pero confiamos que Él usará este estudio como herramienta para hacer Su trabajo.

Dedica tiempo a leer todas las referencias de la Escritura. Estarás contento de que lo hiciste. El autor del estudio usó la Biblia en inglés New American Standard Bible (NASB) a menos que sea citado. [La traductora usó La Biblia de Las Américas (LBLA) a menos que sea citado.*] Si no tienes una copia de La Biblia de las Américas, sería sabio comprar una. Si obtener una copia no es posible, usa la versión que tienes y presta atención especial a la traducción LBLA de los pasajes que se trata en el estudio.

*información indicada por estrella se nota la traductora.
Para contactarnos en español, envíe un email a preguntas@lifeonthehill.org.

Romanos 1 Preguntas

Primer Día

Pídele al Señor que te dé la habilidad sobrenatural para entender la lección de esta semana. Ora por sabiduría (Santiago 1:5).

Pablo escribió el libro de los Romanos en Corinto en su tercer viaje misionero (Romanos 16:23; 1 Corintios 1:14). Le entregó la contribución mencionada en Romanos 15:25-26 a Jerusalén al final de su tercer viaje. Evidentemente esta carta fue dada a Febe, que estaba en Cencrea, cerca de Corinto, para que ella se la entregara a la iglesia en Roma (Romanos 16:1-2). Puesto que Pablo todavía no había visitado Roma, trataba los fundamentos del evangelio de una manera más profunda en esta epístola que en otras. En Romanos, Pablo no solo definió el evangelio, sino que explicó su efecto en los que se dedicaron a la aventura de la fe.

1. Lee Romanos 1. En Romanos 1:1, Pablo se refiere a si mismo como "siervo." Según Éxodo 21:1-6 y Deuteronomio 15:12-17, que es un "siervo"? ¿Por qué se refiere Pablo de esta manera?

2. ¿Eres tú un siervo así? ¿Si no, qué cambios necesitas hacer en tu vida para que esta transformación pueda realizarse?

3. ¿A qué se refiere Pablo en Romanos 1:1 cuando usa la palabra "evangelio"? (Para ayudarte, lee 1 Corintios 15:1-8.)

4. Analizando varias de las declaraciones introductorias de Pablo en esta epístola, ¿cómo relaciona Isaías 53 a Romanos 1:2?

5. ¿Cómo se relaciona Romanos 1:3 con 1 Corintios 15:12-19?

Segundo Día

1. Lee Romanos 1. Según Romanos 1:7, *"Gracia... y paz"* son accesibles al hombre por una relación con el *"Padre"* y *"Jesucristo"* Su Hijo. ¿Por qué escribió Pablo *"Gracia... y paz"* en vez de paz y gracia?

2. Después de leer Romanos 1:8 ¿Dirías que la iglesia en Roma tenía una gran fe? Explica tu respuesta. ¿Podrían tus amigos hacer la misma declaración acerca de ti?

3. ¿Qué comunica Romanos 1:9-10 con respecto a la vida de oración de Pablo y su interés en los creyentes de Roma? ¿Qué pasaría si el cuerpo de Jesucristo ora en una manera semejante por sus compañeros creyentes? Ora hoy por cada miembro de tu grupo.

Tercer Día

1. Lee Romanos 1. ¿Por qué deseaba Pablo visitar a la iglesia en Roma (Romanos 1:11-12)?

2. Según Romanos 1:12, ¿qué debe pasar cuando los creyentes se reúnen? ¿Te sorprende que Pablo pudiera estar animado por los menos maduros que él? Explica tu respuesta.

3. ¿Ya había visitado Pablo a Roma a la hora de escribir esta epístola? ¿Qué versículos proveen tu respuesta?

4. Para responder a las siguientes preguntas, refiere a la última parte del libro de Hechos. ¿Eventualmente, Pablo visitó Roma? Si es así, ¿cuándo y bajo cuáles circunstancias?

Cuarto Día

1. Lee Romanos 1 y medita en versículos 16 y 17. ¿A veces te avergüenzas del evangelio? Si es así, ¿Cuándo? Normalmente ¿Qué provoca esta respuesta de vergüenza?

2. ¿Cómo define Pablo *"el evangelio"* en Romanos 1:16? ¿Qué revela el evangelio (Romanos 1:17)? ¿Qué quiere decir Pablo cuando dice, *"Mas el justo por la fe vivirá"*? ¿Esta cita es de cuál libro del Antiguo Testamento?

Quinto Día

1. Lee Romanos 1. Según Romanos 1:18 ¿Contra qué se revela *"la ira de Dios"*?

2. ¿Tienen todos la oportunidad de saber *"acerca de Dios"* (Romanos 1:19-20)? ¿Si es así, por qué avenida ocurre esto?

3. Según Romanos 1:21-22 ¿Qué les pasa a los hombres que no *"honran"* a Dios? ¿Cómo se relaciona esto con Proverbios 9:10?

4. ¿Cómo describe Pablo el comportamiento de un necio en Romanos 1:23? ¿Cuándo fue la última vez que observaste a alguien ejemplificando este tipo de comportamiento?

Sexto Día

1. Lee Romanos 1. ¿Cuáles son las etapas diferentes que Dios le entrega al hombre cuando el hombre sigue rechazando Su verdad (Romanos 1:24-32)?

2. Teniendo la enseñanza de Pablo en cuenta ¿Con cuál etapa de rebelión se puede relacionar a nuestra sociedad de hoy en día? ¿Cómo se relaciona nuestra etapa actual con Génesis 19:1-11? Según Génesis 19:12-26 ¿Cómo trató Dios con el pecado en Sodoma? ¿Esto te anima a llevarle el evangelio al mundo?

Romanos 1 Lección

El saludo de Pablo

Este primer capítulo está lleno de verdades teológicas. Primero aprendemos que Pablo escribió esta epístola (Romanos 1:1) por medio de la inspiración del Espíritu Santo y que él era siervo de Cristo. Un siervo (como Pablo usa la palabra) es alguien que ha sido liberado por su maestro, pero elige quedarse con él y servirle de por vida (Éxodo 21:5-6; Deuteronomio 15:12-17). Así era la percepción de Pablo de su relación con el Señor. ¡Jesús liberó a Pablo! Como resultado de esa libertad, Pablo eligió entregarse a Cristo para siempre. Cuando aprendemos más sobre nuestra libertad en Cristo, nosotros también queremos hacernos Sus siervos.

Entender la manera en que Pablo define "el evangelio" (Romanos 1:1) es imperativo. En 1 Corintios 15:1-8, descubrimos que el evangelio se refiere a la muerte, entierro y resurrección de Jesucristo. En Hechos 1:11 y Hebreos 1:3, aprendemos que el evangelio también incluye el hecho que Jesús *"se sentó a la diestra de la Majestad en las alturas."* En Colosenses 1:27 y Gálatas 2:20, entendemos que Él vive ahora en cada creyente. ¡Que buena noticia! ¡Que maravilloso evangelio!

Necesitamos visión para entender como estas verdades se aplican a nuestras experiencias cotidianas. ¿Puede ser que nuestro Padre quiere que Cristo viva su vida por medio de nosotros (porque vive en nosotros), en vez de que nosotros trabajemos por Él? Esto parece tener sentido, especialmente porque Cristo es la única Persona (Él también es *"Dios"*- Hebreos 1:8) que ha vivido una vida sin pecado.

¿Te das cuenta de que el evangelio fue *"...prometido por medio de sus profetas..."* (Romanos 1:2)? Versículos como Isaías 53 y Salmo 22 hablan de un Salvador sufriente. De hecho, mucho del Testamento Antiguo indica a Cristo. Estas profecías explican las palabras de Pablo en Romanos 1:2:

> *"que Él ya había prometido por medio de sus profetas en las santas Escrituras..."*
> (Romanos 1:2)

También te puedes dar cuenta que Pablo usa el término *"santo"* cuando se refiere a las *"Escrituras."* Ninguna duda existió en su mente sobre la confiabilidad y validad de lo que Dios había dicho. ¿Ves las Escrituras de esta manera?

Pablo menciona a *"David"* en versículo 3, porque (Pablo) se dio cuenta de que Jesús tenía que ser un descendiente de David para conseguir el puesto de Mesías. ¿Por qué? En 1 Crónicas 17:11-14, encontramos que a David se lo prometió un descendiente que heredaría un trono eterno. Este descendiente es el Hijo eterno de Dios, Jesucristo. Ser descendiente de David no era suficiente. La resurrección de Jesús era la prueba final de que es Hijo de Dios y tiene derecho de reinar, como es confirmado en 1 Corintios 15:12-19. Sí, Jesús *"...fue declarado Hijo de Dios con poder... por la resurrección de entre los muertos..."* (Romanos 1:4). No es sorpresa que la resurrección ha llamado mucha atención durante los pasados dos mil años.

Pablo ha *"recibido la gracia y el apostolado..."* por medio de Cristo (Romanos 1:5). Consecuentemente, la *"gracia"* de Dios hizo más que salvar a Pablo después de que se arrepentió y creó cuando estaba depravado espiritualmente. La *"gracia"* de Dios también autorizó a Pablo servir como apóstol. Esto se verifica en 1 Corintios 15:10:

Pero por la gracia de Dios soy lo que soy, y su gracia para conmigo no resultó vana; antes bien he trabajado mucho más que todos ellos, aunque no yo, sino la gracia de Dios en mí. (1 Corintios 15:10)

Si elegimos recibir la *"gracia"* de Dios en cada momento, Él nos autorizará a llevarle las buenas noticias sobre Cristo al mundo. Sin embargo, rechazar la *"gracia,"* nos causa separarnos de la batalla. Pablo sabía, sin duda, que Dios le daría gracia suficiente *"...para promover la obediencia a la fe entre todos los gentiles..."* (Romanos 1:5). El libro de los Hechos verifica que esta gracia estaba abundantemente proveída.

Según versículo 7, todos los creyentes son *"amados de Dios,"* y *"santos,"* no pecadores sucios salvados por la gracia. Discutiremos este hecho con más detalle más tarde en el estudio. ¿Notaste la frase, *"Gracia a vosotros y paz"* (v.7)? Pablo usa esta frase en una mayoría de sus epístolas. ¿Te has preguntado porque no dijo, paz y gracia? La gracia tiene que ser recibida antes de que la paz pueda ser experimentada. Sin duda, el cuerpo de Cristo debe aprender más sobre la idea de recibir la gracia de Dios.

El mensaje personal de Pablo

Ningún versículo en el Nuevo Testamento convence más que Romanos 1:8. Pablo dice que de la *"fe"* de los creyentes romanos *"todo el mundo se habla."* Mientras que yo leía este versículo, me pregunto si mi fe va proclamándose en mi ciudad, mi conde, o mi estado. Una cosa es cierta: si mi fe no va creciéndose y madurándose, pocos sabrán que soy seguidor de Cristo. Por eso invierto el más tiempo posible en estudiar y orar mediante las escrituras, porque es por medio de conocer y aplicar la Palabra de Dios que nuestra fe crece.

Los versículos 9-10 explican la carga de Pablo para estos santos. Oraba por ellos *"sin cesar,"* pidiendo que Dios le permitiera visitar Roma. A Pablo le importaba auténticamente el bienestar de los romanos, anhelando verlos *"confirmados"* en la fe (v. 11). No veo el *"don espiritual"* mencionado en el versículo 11 como uno de los dones espirituales de Romanos 12:6-8, 1 Corintios 12 y 14, Efesios 4 etc. Creo, más bien, que Pablo se refiere al crecimiento espiritual que ocurriría en su vida como resultado de su visita. Siguiendo en el mismo camino que ese pensamiento, hace una declaración sorprendente. Pablo, hombre maduro de Dios, declara que su tiempo con los creyentes en Roma le serviría para consolar (Romanos 1:12). Sí, un creyente menos maduro puede atender a los gigantes de la fe. ¡Nunca debemos olvidar esta verdad!

Pablo deseó dar *"fruto"* entre los creyentes en Roma (v. 13)- es decir, permitir que Jesús diera *"fruto"* por medio de él. Aunque había tenido dificultad en arreglar una visita, no quiso abandonar la idea. De hecho, en Romanos 1:14-15 Pablo menciona que tenía *"obligación... anunciar el evangelio..."* que debe explicar su deseo de visitar a sus lectores. Las palabras *"tengo obligación"* significan *"en deuda."* Es decir que Pablo se veía como deudor a la iglesia en Roma. ¿Puedes entender el corazón de Pablo? ¿Puedes entender el llamado que el Señor le había puesto a él para predicar a los gentiles? Lee 1 Corintios 9:16 para más profundidad del tema.

El tema de la epístola

Los versículos 16-17 hablan de la manera en que Pablo vió *"el evangelio."* Primero, dice *"no me avergüenzo del evangelio..."* (v.16). ¿Por qué debía avergonzarse de noticias tan buenas? Hoy en día, muchas personas moderan el evangelio en la presencia de los que tal vez estarían ofendidos. Pablo nunca fue culpable de ese mal, porque entendía que el evangelio *"es el poder de Dios para la salvación de todo el que cree..."* Pablo también se daba cuenta que no había ningún otro *"evangelio"* legítimo (Gálatas 1:8-10). El evangelio de Cristo era, y es, el único evangelio con el poder de transformar las vidas.

El motivo de la vergüenza que el mundo siente del evangelio se explica en 1 Corintios 1:18:

> *Porque la palabra de la cruz es necedad para los que se pierden, pero para nosotros los salvos es poder de Dios.* (I Corintios 1:18)

Sin duda, *"la palabra de la cruz es necedad para los que se pierden..."* El hecho que Dios moriría por el pecado del mundo es *"necedad,"* o tontería, a los que están perdidos, es decir, mientras rechazan el trabajo perfecto de Cristo. Pero, cuando se dan cuenta (en su depravación) que son pecadores que necesitan un Salvador, el evangelio sería una muy buena noticia. Nunca te olvides de esa verdad, especialmente cuando sufres desdén o ridículo por los perdidos. En realidad, tu peor enemigo hoy tal vez sea tu amigo más atesorado mañana. Agradezco a los que fueron ejemplos de una vida devota ante mí cuando vivía como no creyente. Me ofendían mucho antes de que yo me entregara el Señor, pero su inclinación a arriesgar la amistad por la verdad me convenció de la sinceridad de su coraje y fe. Desde entonces, le he dado gracias por haberme amado tanto para demostrar la manera más excelente.

Date cuenta, también, que Pablo usa la frase, *"del judío primeramente y también del griego"* (Romanos 1:16). Cuando Pablo entró a una ciudad que no había visitado previamente, prefería predicar en la sinagoga judía primero, como dice el libro de los Hechos. Pablo creía que el evangelio debe presentársele al *"judío primeramente"* y después al griego (los gentiles). ¿Qué había afectado sus pensamientos? La ley le fue dada al *"judío primeramente"* en Éxodo 20. También, nuestro Señor les enseñaba a sus discípulos a predicar *"a todas las naciones"* comenzando en *"Jerusalén,"* la ciudad de los judíos (San Lucas 24:46-47).

Pablo se dio cuenta, también, de que *"la justicia de Dios se revela..."* en el evangelio (Romanos 1:17), porque *"se revela"* por la cruz de Cristo. ¿Cómo es eso? Dios es santo. No tendrá nada que ver con el pecado- y siempre tiene que juzgar el pecado. El hombre es impío en su estado no redimido, lleno del pecado, pero capaz de arrepentirse y creer através de la fe personal mientras que está depravado espiritualmente. Un hecho justo tuvo lugar en la cruz como en ese momento el pecado fue juzgado mediante el Dios-hombre perfecto. La *"justicia"* significa ser justo, y por eso la justicia del Padre se reveló cuando El juzgó el pecado mediante su Hijo puro. Por consiguiente, el evangelio demuestra *"la justicia de Dios."*

La última frase de Romanos 1:17, que viene de Habacuc 2:4, fácilmente podría ser el tema de esta epístola:

> *...Mas el justo por la fe vivirá.* (Romanos 1:17)

Esta verdad básicamente resume el libro de Romanos. Memoriza esta frase. Vamos a tratarla con mucha frecuencia en las semanas que vienen, especialmente las palabras *"justo"* y *"fe."*

La condenación de los paganos

Los versículos 18-32 explican la progresión del pecado en el hombre. Esta sección de Romanos prueba que una sociedad sin Dios se destruirá. Examinaremos estos versículos más profundamente.

Primero, Pablo dice que *"la ira de Dios se revela... contra tod[os]... que con injusticia restringen la verdad"* (v. 18). Todos los individuos depravados espiritualmente (no regenerados) tienen oportunidad para saber y responder a la verdad de Dios. Los versículos 19-20 dicen que siquiera *"su eterno poder y divinidad"* se revelan por lo que Dios ha *"creado"* en la esfera física. Entonces, ¿por qué no vienen algunos a conocer a Dios? Se da la respuesta en Romanos 1:18. *"Restringen la verdad"* por medio de vivir en una manera *"con injusticia."* Sí, la mayoría de los que no son redimidos permiten que su moralidad dicte su teología.

Ten cuidado con el versículo 21. La frase, *"aunque conocían a Dios,"* no significa que lo *"conocían"* en el sentido de ser parte de su familia, pero que solo lo *"conocían"* como Creador. ¿Cómo lo conocían? Por la naturaleza:

> *Porque desde la creación del mundo, sus atributos invisibles, su eterno poder y divinidad, se han visto con toda claridad, siendo entendidos por medio de lo creado, de manera que no tienen excusa.* (Romanos 1:20)

También descubrimos que *"no le honraron como a Dios,"* causando que sus corazones fueran *"entenebrecido[s]."* El fruto de este corazón entenebrecido se menciona en los versículos 22-23. Profesaron *"ser sabios"* y *"se volvieron necios, y cambiaron la gloria del Dios incorruptible por una imagen en forma de hombre corruptible, de aves, de cuadrúpedos y de reptiles."* Sin duda, nuestra declaración previa sigue siendo verdad: Si una sociedad elige rechazar a Dios, esa sociedad eventualmente se destruirá.

Cuando el hombre eligió rechazar la verdad (vv.18-23), *"Dios los entregó"* a algo diferente (v.24). Dios dice, "Si quieres desechar la verdad y vivir en el pecado, te suelto a vivir en tanto pecado como quieras." Asegúrate a notar el precio altísimo que esos individuos pagan por su rebelión. En Romanos 1:24-25, Dios *"los entregó a la"*... *"lujuria"* porque *"cambiaron la verdad de Dios por la mentira, y adoraron y sirvieron a la criatura en lugar del Creador."* Esta es una imagen del descenso de la humanidad en toda la historia. Primero, el hombre rechaza la verdad; entonces viene la inmoralidad sexual, las relaciones sexuales fuera del matrimonio; y entonces el hombre empieza a adorar *"la criatura en lugar del Creador."* Lo triste es que consecuencias horribles siguen tal pecado. En vista de la condición del mundo hoy en día, es obvio que la infidelidad destruye una sociedad.

La próxima etapa se describe en Romanos 1:26-27:

> *Por esta razón Dios los entregó a pasiones degradantes; porque sus mujeres cambiaron la función natural por la que es contra la naturaleza; y de la misma manera también los hombres, abandonando el uso natural de la mujer, se encendieron en su lujuria unos con otros, cometiendo hechos vergonzosos hombres con hombres, y recibiendo en sí mismos el castigo correspondiente a su extravío.* (Romanos 1:26-27)

"Dios los entregó a pasiones degradantes" (la homosexualidad). Esa etapa es la penúltima. Cuando esto ocurre, no queda mucho tiempo. (Date cuenta de que Dios ama al

homosexual, pero odia el pecado del homosexual, como Él ama a la persona que comete adulterio, pero odia el pecado del adulterio.)

La etapa final es *"una mente depravada"* (Romanos 1:28). Esta etapa se describe en los versículos 28-32, porque la humanidad no quiere tener conciencia de lo bueno ni lo malo. Es la etapa final antes de la destrucción completa de la sociedad.

¿Cómo es el mundo hoy en día? La respuesta es obvia. Estamos rumbo a la etapa final con una velocidad increible. ¿Puedes ver la necesidad de equiparnos con la verdad? Una gran batalla nos espera, y debemos estar listos.

Preguntas Romanos 2

Primer Día

Mientras respondes a las siguientes preguntas, pídele al Señor que te dé sabiduría.

1. Lee Romanos 2. En los versículos 1-16, Pablo describe al hombre moral que no conoce a Cristo. Este hombre había estado juzgando a los demás (vv. 1-3). ¿Por qué será condenado? ¿Quién lo condenará? ¿Qué significa esto sobre la importancia de sacar *"la viga de tu ojo"* antes de juzgar a los demás (Mateo 7:4-5)?

2. Según Romanos 2:4, ¿qué *"guía"* a una persona *"al arrepentimiento:"* la ira de Dios, o la bondad de Dios? (Arrepentimiento significa llamar el pecado por su nombre y darle la espalda.) ¿Esta verdad cómo podría ayudarte mientras que compartes a Cristo con los demás?

Segundo Día

1. Lee Romanos 2. El hombre en el versículo 5 recibirá el *"juicio"* de Dios por la condición de su *"corazón."* ¿Qué dice sobre la condición de su *"corazón"* (v.5)? ¿Qué te dice esto sobre la importancia del arrepentimiento?

2. Según Hechos 11:18 y 2 Timoteo 2:5, Dios da arrepentimiento en el sentido que le da al hombre la oportunidad de arrepentirse cuando está en su estado perdido y depravado espiritualmente. ¿Es posible la salvación sin el arrepentimiento? Si no, ¿por qué no?

3. Basado en Romanos 2:25 ¿Qué están *"acumulando"* los que no concen a Cristo? ¿Cómo se relaciona esta acumulación con el libro de Apocalipsis 20:11-15? ¿Aplica este juicio a los creyentes y no creyentes, o aplica a los no creyentes solamente?

4. ¿Cuál es la diferencia entre el juico mencionado en Romanos 2:5 y el juicio de que se habla en 2 Corintios 5:10 y 1 Corintios 3:10-15? ¿Qué ánimo puedes tomar de esto?

Tercer Día

1. Lee Romanos 2. ¿Cómo se relaciona Romanos 2:6 con eso de que hemos hablado hasta ahora? ¿Qué dice Romanos 2:7-10 sobre los que hacen *"lo malo"*? ¿Qué dicen estos mismos versículos sobre los que hacen *"lo bueno,"* es decir, los que permiten que Jesús haga *"lo bueno"* por medio de ellos? ¿Puedes ver como el contraste de que se habla en los versículos 7-10 confirme que Dios le *"pagará a cada uno conforme a sus obras"?* (v. 6). La próxima vez que el mundo nos tienta a comprometer, debemos recordar lo que Pablo dice aquí.

2. De Romanos 2:7-10, los que hacen *"lo malo"* habitualmente y lo gozan, demostrando que nunca se han arrepentido ni han recibido a Cristo como Salvador, recibirán *"la ira"* de Dios. Los que hacen *"lo bueno,"* si su *"bueno"* se hace por medio del Cristo vivo, recibirán *"gloria y honor, y paz."* Escribe cualquier nuevo pensamiento abajo. Nota: estos versículos <u>no</u> enseñan que hacer hechos buenos produce una relación justa con Dios. Pablo confirmará esta verdad más tarde en el estudio, pero por ahora, ve rápidamente Romanos 3:20 y 3:38.

3. Ahora que tenemos un entendimiento básico de los versículos 6-10 ¿Por qué Pablo continua con la frase, *"Porque en Dios no hay acepción de personas"* (v. 11)?

Cuarto Día

1. Lee Romanos 2. Según versículo 12, ¿qué pasará con los individuos *"que han pecado sin la ley,"*? (*"...[H]an pecado"* es decir vivir un estilo de vida de pecado habitual sin aceptar a Cristo como Salvador.) ¿Qué pasará con ellos que *"han pecado bajo la ley"*? (La frase *"han pecado"* significa lo mismo como en la frase pasada.) Según Romanos 1:19-20, ¿tienen todos (siquiera los que no han sido expuestos a la Ley) la oportunidad de conocer a Dios? Si es así, ¿de qué manera pueden saber que Él existe? ¿Es posible concluir, por eso, que Dios es justo en juzgar a los que nunca han oído la ley?

2. ¿Qué te comunica el versículo 13? No debemos ver la frase, *"los que cumplen la ley, ésos serán justificados,"* como que Dios nos justifique, ni que nos salve, como resultado de buenos hechos. Romanos 3:20 y 3:28 verifican que nadie puede hacerse parte de la familia de Dios

haciendo hechos buenos. Jesús es el único que hace la Ley perfectamente, y por esta razón la salvación viene por medio de Él sólo. Cuando aceptamos a Cristo, arrepintiéndonos y creyendo cuando estábamos depravados espiritualmente, Dios nos hace sin culpa ante Él. De hecho, nos ve como si hubiéramos vivido la Ley perfectamente como resultado de Jesús (quien vivió la Ley perfectamente) viviendo en nosotros (Gálatas 2:20). ¿Cómo te animan estas noticias tan maravillosas?

3. Según los versículos 14-15, ¿tienen los gentiles que no han sido expuestos a "la ley" una ley interior "escrita en sus corazones"? ¿Cómo habrían podido conseguir esta ley interior? En tu opinión, ¿eran estos gentiles creyentes o no creyentes?

4. El juzgado mencionado en el versículo 16 es el juzgado del "gran trono blanco" de Apocalipsis 20:11-15. ¿Quién juzgará? Entonces, ¿quién se sentará en el trono de juicio de Apocalipsis 20:11-15? ¿Pueden esconder algo de su Juez los que están juzgados (nota la palabra "secretos" en Romanos 2:16)?

Quinto Día

1. Lee Romanos 2. Los versículos 17-29 explican por qué ser "judío," o confiar en "la ley," o la "circuncisión" no puede poner a una persona en relación justa con Dios. ¿Por qué tendría problema con esta enseñanza un judío no salvado en el día de Pablo, o aún hoy día?

2. De Romanos 2:17-24, Santiago 2:10, y Romanos 3:28, ¿por qué son incapaces los judíos de obtener relación justa con Dios si confían en la Ley por la salvación? ¿Qué comunican los versículos 23 y 24 sobre el testimonio de una persona que vive bajo la Ley? ¿Detectas una falta de alegría en la vida de ellos? Según 2 Corintios 3:6, ¿por qué existe esto?

3. Según Romanos 2:25, ¿bajo cuál condición puede "la circuncisión" poner a una persona en relación justa con Dios? ¿Ha habido alguien que haya igualado este estándar a excepción de Jesús?

4. Los versículos 26-27 son extremadamente interesantes. Pablo contrasta al judío incrédulo circuncidado con el gentil no circuncidado que cree. Cuando aceptamos a Jesús como Salvador en nuestra condición depravada, Dios nos hace nuevos y nos justifica, es decir, nos hace perder la culpa ante Él. Desde ese momento, Él nos ve como si hubiéramos seguido la ley perfectamente. También envía al Espíritu Santo para dirigir nuestra vida, lo cual permite que nuestro comportamiento empiece seguir el estándar recto de la ley (Romanos 8:4), un tema que se discutirá mucho en las semanas que vienen. Pensando en esto, escribe lo que significan para ti los versículos 26-27.

Sexto Día

1. Lee Romanos 2. ¿Quién es un *"judío"* verdadero (Romanos 2:28-29)? ¿Significa esto que a Dios no le importa cumplir los pactos incondicionales que hizo con la nación física de los judíos? Piensa bien antes de responder.

2. ¿Preferirías que el hombre o Dios te alabara (v. 29)? ¿Qué te animó más que nada de Romanos 2? Escribe tus pensamientos y lee la lección que sigue. Ojalá que la lección clarifique algunas de tus preguntas que quedan sin respuesta.

Romanos 2 Lección

Se puede dividir Romanos 2 en dos secciones. La primera sección condena al hombre moral que no conoce a Cristo (versículos 1-16), mientras la segunda condena al judío que no conoce a Cristo (versículos 17-29). Mientras estudias esta lección, date cuenta de que Romanos 2:1-16 es una de las secciones más desafiantes del estudio. Por eso, entiende lo que puedas y deja el resto para otro momento.

La condenación del hombre moral

Si hubiéramos vivido en el tiempo de Pablo, habríamos oído al hombre moral decir, "¡Sigue predicando, Pablo! ¡Tienes razón! ¡El hombre que peca como describes en Romanos 1:18-32 merece el juicio! ¡Dilo como es!"

Pablo tenía un mensaje para el hombre moral, bueno y honorable que confiaba en sus hechos buenos: "No tienes excusa," Pablo lo dijo. ¿Por qué no tenía excusa este hombre? ¡Practicaba "las mismas cosas" (v.1)! Quizás no las practicaba externamente, pero las practicaba en el corazón. El hombre en Romanos 2:1-16 no conocía al Señor más íntimamente que el hombre en Romanos 1:18-32, porque ni el uno ni el otro se había arrepentido y creído en Cristo. Después de todo, el arrepentimiento significa identificar el pecado y negarlo.

¿Has tratado de compartir a Jesús con un ciudadano bueno y honorable, un trabajador dedicado a la iglesia, un padre fiel que provee por su familia, o algún individuo que esté puro externamente que no haya aceptado a Cristo como Salvador? De toda la gente que menciona Pablo, este tipo será el más engañado. En la mayoría de los casos, es más fácil hablar con el hombre que se describe en Romanos 1:18-32. Una cosa es cierta: no hay diferencia. Ambos serán condenados a castigo eterno a menos que elijan arrepentirse y creer cuando están depravados espiritualmente. Romanos 2:2-3 dice esta verdad muy claramente.

Romanos 2:4 es uno de los versículos más poderosos en el entero Nuevo Testamento.

> *"¿O tienes en poco las riquezas de su bondad, tolerancia y paciencia, ignorando que la bondad de Dios te guía al arrepentimiento?"* (Romanos 2:4)

Durante años, yo creía que saber de la ira de Dios es la cosa más importante para traer a un alma perdido al arrepentimiento. Entonces, leí este pasaje y caí en cuenta. ¡No es la ira de Dios, sino su *"bondad"* que motiva a los depravados espiritualmente a renegarse del pecado! ¿Comprendes el significado de esa declaración? La muerte de Cristo en la cruz y el amor que nuestro Padre demuestra allí, junto con su *"bondad"* cotidiana revelan al hombre no regenerado que *"Dios es amor"* (1 Juan 4:8, 16). Esta verdad sirve como un tremendo catalizador para los depravados espiritualmente arrepentirse y creer en Cristo. Verdaderamente, lo que motiva más que nada es el amor de Dios- ¡nunca su ira! Nota: La Ley condena a los perdidos (depravados espiritualmente) de su necesidad de un Salvador también. De esto se trata dentro de poco.

Sin duda, Dios requiere el arrepentimiento de ellos que quieren ser salvados. Así, Dios les da a los depravados espiritualmente el derecho y libertad para arrepentirse (Hechos 11:18; 2 Timoteo 2:25), porque "el arrepentimiento... conduce a la vida" tanto como "al pleno conocimiento de la verdad":

> *...Así que también a los gentiles ha concedido Dios el arrepentimiento que conduce a la vida.* (Hechos 11:18)

...por si acaso Dios les da el arrepentimiento que conduce al pleno conocimiento de la verdad, (2 Timoteo 2:25)

Nota: se cubrirán estos versículos con más detalle durante la Semana 7 del estudio.

Hasta que una persona venga a Cristo mediante el arrepentimiento y la fe personal, las verdades más profundas de Dios no se alcanzarán. Por supuesto, los depravados espiritualmente tienen verdad suficiente para arrepentirse y creer. La naturaleza continuamente revela la Deidad a los perdidos tanto como los salvados (Romanos 1:20).

El arrepentimiento también aplica cuando somos salvos. Sabiendo *"la bondad de Dios"* (Romanos 2:4), confesamos y nos arrepentimos pronto después de pecar. Discutimos ese tema más en detalle más adelante.

Romanos 2:5 dice que incluso el hombre moral recibirá la *"ira"* de Dios debido a su *"corazón no arrepentido."* Pablo dice que los perdidos están *"acumulando ira... en el día de la ira"* (v.5). ¿Sabes que la *"ira"* de Dios se derramó en proporción a la cantidad de *"ira"* que han acumulado, en proporción al grado de su pecado? Se enfrentan con el juicio del *"gran trono blanco"* (Apocalipsis 20:11-15), un juicio de condenación para todos los que han rechazado arrepentirse y fe cuando estaban depravados espiritualmente. Ese *"juicio"* será *"justo"* (Romanos 2:5), quiere decir que será recto y honrado. El hombre no arrepentido recibirá exactamente lo que merece. Después de todo, tuvo toda oportunidad para creer.

El *"gran trono blanco"* de juicio (Apocalipsis 20:11) es diferente al *"tribunal de Cristo"* (2 Corintios 5:10). Ningún creyente será juzgado en el *"gran trono blanco,"* porque es un juicio de ira. Un creyente se enfrenta al *"tribunal de Cristo,"* un juicio de recompensas. Cada uno de nuestros hechos se examinarán *"con fuego"* (1 Corintios 3:10-15) y recibiremos recompensa por lo que hemos hecho en fe.

Dios *"pagará a cada uno conforme a sus obras"* (Romanos 2:6). Los que hacen *"el bien"* recibirán *"gloria... honor... paz... e inmortalidad: vida eterna"* (versículos 7, 10). Los que *"no obedecen la verdad"* recibirán *"ira... indignación... tribulación... y angustia"* (versículos 8-9). Según los versículos 7-10, todos que habitualmente hacen *"lo malo"* y lo gozan, probando que no han arrepentido del pecado ni aceptado a Cristo como Salvador, recibirán la *"ira"* de Dios. Los que hacen *"el bien,"* si sus obras resultan de someterse a la presencia viviendo de Cristo, recibirán *"gloria... honor y paz."* Nota: Estos versículos <u>no</u> enseñan que obras buenas le hacen a una persona justa con Dios. Pablo continua confirmando esto en versículos siguientes.

Versículo 11 confirma que *"en Dios no hay acepción de personas."* Cualquier persona que no sea salvo, por rechazar arrepentirse y creer cuando estaba depravado espiritualmente, será condenado y *"arrojado al lago de fuego"* (Apocalipsis 20:15). Sí, Dios ama al hombre tanto que lo permite vivir separado de su presencia eternamente si (el hombre) quiere.

Pablo dice algo muy interesante en Romanos 2:12.

Pues todos los que han pecado sin la ley, sin la ley también perecerán; y todos los que han pecado bajo la ley, por la ley serán juzgados; (Romanos 2:12)

Pablo enseña que *"todos los que han pecado sin la ley, sin la ley también perecerán."* "Pecar" en esta instancia quiere decir un estilo de vida de pecar habitualmente sin recibir Cristo como Salvador. ¿Es justo que Dios responda a los no salvos así? ¿Pueden las personas que nunca han estado expuestos a la ley, la ley dado a Moisés, saber de Dios? Ciertamente pueden, como aprendimos en Romanos 1:20 que la creación de Dios revela *"sus atributos invisibles, su eterno poder y divinidad..."* Nos damos cuenta, también, que muchos se arrepentieron y tuvieron fe y fueron declarados justos por Dios antes de que Moisés recibiera la ley. Por eso, lo que dice Pablo en el versículo 12 es justo.

También, sabemos que *"todos los que han pecado bajo la ley, por la ley serán juzgados"* (v. 12). *"Han pecado"* indica un estilo de vida de pecar constantemente sin recibir a Cristo como Salvador. Así todos los que han estado expuestos a la ley, y han rechazado aceptar Cristo mientras depravado espiritualmente, *"por la ley serán juzgados"* en el juicio del gran trono blanco. En otras palabras, los que han oído la ley, pero han rechazado creer en la *"simiente"* de Génesis 3:15, no han llegado a una situación justa ante Dios (v. 13). Esta simiente es la descendencia que *"es Cristo"* (Gálatas 3:16).

Porque no son los oidores de la ley los justos ante Dios, sino los que cumplen la ley, ésos serán justificados. (Romanos 2:13)

La última declaración de Pablo en el versículo 13, al estudiarlo en contexto, trae mucho a la luz:

Sino los que cumplen la ley, ésos serán justificados. (Romanos 2:13)

¿Cómo pueden los individuos cumplir *"la ley"* (v. 13) si al tropezar *"la ley en un punto"*, se han hecho culpables de todos (Santiago 2:10)? Podemos ser *"los que cumplen la ley"* bajo una sola condición, si nos arrepentimos y tenemos fe en Cristo, Quien vivió perfectamente la ley (Gálatas 4:4; Hebreos 4:15) y empieza a vivir dentro de nosotros después de que nos arrepentimos y creamos cuando estabamos depravados espiritualmente (Gálatas 2:20). Por medio de Jesús viviendo en nosotros (Gálatas 2:20) y nosotros viviendo en Jesús (2 Corintios 5:17, Efesios 2:6), Dios nos justifica por llevar nuestra culpabilidad y por vernos como si hubieramos vivido la ley perfectamente. Así, es la vida de Jesús dentro de nosotros, el Dios-hombre quien hizo la ley perfectamente, permite que el Padre nos vea como *"los que cumplen la ley."* Trataremos la justificación con más detalle en Romanos 5.

Las declaraciones *"cumplen por instinto los dictados de la ley"* (v. 14) y *"muestran la obra de la ley escrita en sus corazones"* (v. 15), son dificiles para interpretar. Si hablan del trabajo del Espíritu Santo en un creyente, esos gentiles son creyentes. Si hablan de la ley moral escrita en la conciencia de cada persona, esos gentiles no son creyentes. Muchos escolares están de acuerdo con el segundo escenario del versículo 16, que habla del juicio de los impíos en el *"gran trono blanco"* (Apocalipsis 20:11). Ningún creyente se enfrentará ese juicio, pero los individuos de los versículos 14-15 parecen estar presentes cuando ocurre ese juicio. Si el escenario segundo es correcto, esos gentiles están perdidos y sin la vida eterna. Un hecho es cierto: *"los secretos de"* los perdidos serán juzgados (Romanos 2:16, Apocalipsis 20:11-15). Ningún pecado o motivo estará velado, ni siquiera entre los moralmente puros que han rechazado la provisión de Cristo. Todo pecado será descubierto.

La condenación del judío

En la segunda parte del capítulo, que consiste en los versículos 17-29, explica por qué los judíos no creyentes serán condenados. Hasta el versículo 17 los judíos podían decir, "Sigue predicando, Pablo, estamos completamente de acuerdo." Pablo no ha discutido a fondo lo que ocurre cuando un judío rechaza a Cristo.

El hombre hebreo normalmente se ve en relación justa con Dios basado en tres puntos: (1) Era judío (2) Ha sido circuncidado (3) Los Judíos habían recibido la ley y por eso, eran la gente escogida por Dios. Tener uno o más de estos puntos proveyía un boleto al cielo en el pensamiento del judío típico. Pero Pablo no está de acuerdo con esto. Pasa lo que queda del capítulo, y parte del próximo, explicando por qué.

Los judíos que rechazaron que Jesús es el Mesías asumieron que, por ser judíos, eran parte de la familia de Dios (v.17). Pablo refuta su argumento en versículos 28-29 diciendo que un *"judío"* no es *"judío"* verdadero hasta que el *"Espíritu"* ya haya circuncidado su *"corazón."* Esta circuncisión ocurre al momento en que el creyente neotestamental es puesto *"en Cristo"* (2 Corintios 5:17) después de arrepentirse y creer através de la fe cuando estaba depravado espiritualmente (Hechos 16:31; Romanos 10:9-10). De ningún modo Pablo enseña que la iglesia ha reemplazado el Israel físico como la gente escogida por Dios, como algunos han asumido incorrectamente. Discutimos este tema con más detalle dentro de poco.

En versículos 17-24, Pablo menciona la diferencia entre tener la ley y vivir por sus requisitos. Escribe, de hecho, que uno que *"[se] jacta"* de tener *"la ley... deshonra a Dios"* *"violando"* los mandatos de la Ley (v. 23).

Pablo discute la *"circuncisión"* en versículos 25-29, porque los judíos no creyentes percibieron que la circuncisión física ganó relación justa ante Dios. Esta disposición no podía ser el caso, porque Abram era circuncidado <u>después</u> de que fue declarado justo a Dios (lee Génesis 15:6 y Génesis 17:24). De hecho, la circuncisión fue dada a la nación judía *"como sello de la justicia de la fe que tenía [Abraham] mientras aún era incircunciso..."* (Romanos 4:11). En otras palabras, la circuncisión fue un recordatorio a la nación judía de que la fe, que usó en el estado perdido y estado no regenerado, hace que Dios done la salvación.

En los versículos 26-29, Pablo contrasta al creyente y al judío que confían en *"la circuncisión"* para la salvación para enfatizar la diferencia entre la circuncisión *"externa"* e interna. El *"corazón"* de un santo está circuncido por *"el Espíritu"* (Romanos 2:29). Después de ser apoderados por el Espíritu, nuestro comportamiento empezará a seguir el estándar recto de la ley, un tema cubierto en más profundidad en Romanos 8:4. El hombre que confía en la circuncisión física tiene que cumplir la ley por completo sin romper ni un solo mandato—y tiene que hacerlo por su propio poder y fortaleza. Tal escenario es una imposibilidad total (Romanos 3:20,28).

Es esencial entender los versículos 28-29. ¿Te das cuenta de que en el momento en que los judíos o los gentiles depravados espiritualmente se arrepienten y creen através de la fe durante la época de la iglesia se hacen miembros del cuerpo de Cristo, la iglesia universal? Sin embargo, esto no significa que la iglesia cumpla con los pactos incondicionales de Dios dados a la nación judía. Por ejemplo, Dios prometió a Abram que él y sus descendientes físicos, la nación judía física, poseerían el territorio *"desde el río de Egipto hasta el río grande, el río Éufrates"* (Génesis 13:15, 15:18, 17:8). Los judíos no poseerían esta tierra hasta el Milenio, el reino de mil años de Cristo en la tierra (Apocalipsis 20:4,6). Esta posesión total de la tierra (toda, no sola una parte) debe ocurrir si Dios es fiel a Su Palabra.

Muchos han malentendido Romanos 2:28-29 y han aceptado el error siguiente: porque un judío verdadero es uno que está circuncidado internamente, y que cada miembro del cuerpo de Cristo está en esta categoría, Dios no está obligado a cumplir los pactos dados a la nación judía <u>física</u>. De hecho, piensan que Dios se ha dejado de la nación judía física y está preocupado con la iglesia sola.

¿Cómo puede ser si Dios es fiel a Su Palabra? Prometió a una nación actual una tierra actual, junto con otras promesas incondicionales también. Debe cumplir estas promesas si es el Dios verdadero y fiel. Discutiremos esto con más detalle después en el estudio.

Disfruta tu día sin tarea mañana. Mientras lo haces, asegúrate que quieres *"la alabanza del cual... procede... de Dios"* en vez de *"la alabanza del cual... procede de los hombres"* (v. 29).

Romanos 3:1-8 Preguntas

Primer Día

La lección de hoy será desafiante, pero recuerda: echamos los cimientos que apoyarán las verdades de Romanos 5-8. Los cimientos tienen que ser firmes, pero no es fácil de hacerlos.

Después de las palabras de Pablo en Romanos 2:17-29, los judíos no creyentes hicieron una serie de preguntas tratando de desautorizar la teología de Pablo. Estas preguntas están escritas en los versículos 1, 3, 5, 7 y 8 de Romanos 3, mientras que las respuestas de Pablo están escritas en los versículos 2, 4, 6, y 8 del mismo capítulo. Por eso, los versículos 1-8 registran el argumento común que presenta un judío no creyente después de oír la enseñanza de Pablo. Estos versículos también incluyen las respuestas de Pablo. Pídele al Señor mucha sabiduría para entender lo que se presenta aquí.

1. Lee Romanos 3:1-8. Hay dos preguntas en el versículo 1: *"¿Cuál es, entonces, la ventaja del judío?"* y *"¿O cuál el beneficio de la circuncisión?"* ¿Cómo responderías a estas preguntas?

2. ¿Por qué haría un judío las dos preguntas anteriores? Para responder correctamente, ponte en el lugar de los judíos que habían oído la enseñanza de Pablo, pero habían confiado en su patrimonio judío, la ley, y la circuncisión para la salvación.

Segundo día

1. Lee Romanos 3:1-8. En Romanos 3:2, ¿cómo respondió Pablo a las preguntas de Romanos 3:1?

2. ¿Qué son *"los oráculos de Dios"*? ¿Qué se dice de ellos en Hechos 7:37-38?

3. Lee Éxodo 34:27-35 y 2 Corintios 3:1-18, y compara el antiguo pacto y el nuevo pacto.

4. ¿Cómo describe Pablo el antiguo pacto en 2 Corintios 3:6-9? ¿Cómo se relaciona con Éxodo 20:18-21 y Hebreos 12:18-24?

5. Según Gálatas 3:24, ¿cuál es el propósito de la *"ley,"* el antiguo pacto? Escribe cualquier nuevo pensamiento que te da el Señor mientras estudiaste las preguntas de hoy.

Tercer Día

1. Lee Romanos 3:1-8. En el versículo 3, hay una pregunta muy interesante. La *"fidelidad"* de Dios, Su *"fidelidad"* a los judíos que se arrepienten y creen cuando estaban depravados espiritualmente, ¿se anula si un gran número de judíos se muestran infieles por rechazar a Cristo? ¿Por qué haría un judío no creyente tal pregunta?

2. Escribe por lo menos un ejemplo del Antiguo Testamento en que Dios era fiel al remanente creyente de los judíos cuando la mayoría de la nación se quedó en incredulidad. Existen muchos ejemplos; utiliza el que desees.

3. ¿Crees que Dios sea fiel? Lee 2 Timoteo 1:12, 1 Corintios 10:13, 1 Corintios 1:9, 1 Tesalonicenses 5:24, 2 Tesalonicenses 3:3, Hebreos 2:17, Hebreos 3:6, Hebreos 10:23, Hebreos 11:11, 1 Pedro 4:19, 1 Juan 1:9, Apocalipsis 1:5, Apocalipsis 19:11, Apocalipsis 21:5 para los cuales te ayudaran a entender lo que declara la escritura del Nuevo Testamento acerca de Su fidelidad. ¿Cómo te animan estos versículos?

4. Muchos versículos en La Palabra de Dios describen la fidelidad de Dios. ¿Cuál versículo te anima más?

Cuarto Día

1. Lee Romanos 3:1-8. Basado en Romanos 3:4, ¿cuál era la opinión de Pablo sobre la fidelidad de Dios?

2. En Romanos 3:4, Pablo escribe, *"... sea hallado Dios veraz, aunque todo hombre sea hallado mentiroso..."* ¿Qué comunica esa frase para ti? ¿Continuarías creyendo que Dios es *"veraz"* y digno de servir si todos los que conoces rechazarán a Dios?

3. Las últimas frases de Romanos 3:4 dicen, *"Para que seas justificado en tus palabras, y venzas cuando seas juzgado."* La frase, *"seas juzgado"* se puede interpretar, *"juzga."* Cuando Dios juzga, ¿por qué nadie puede acusarlo de ser desleal o injusto?

Quinto Día

1. Lee Romanos 3:1-8. ¿Es posible que, en cualquier circunstancia, *"nuestra injusticia"* demuestre *"la justicia de Dios"* (v.5)? ¿Por qué haría un judío no creyente esa tal pregunta sin sentido?

2. Si el pecado del hombre demuestra la justicia de Dios, en otras palabras, le da gloria a Él, ¿podría Dios juzgar a los perdidos y seguir siendo justo? Si no, ¿por qué no?

3. En Romanos 3:6, Pablo responde a la pregunta de Romanos 3:5. Entendemos en el versículo 6 que Dios juzgará *"al mundo."* Si el *"mundo"* hace referencia a los no creyentes, ¿cuál juicio indica Pablo? (Para ayudarte, revisa la tercera pregunta de la segunda semana, segundo día.) Casi terminas con las preguntas de esta semana. Será más fácil la semana que viene. ¡Lo prometo!

Sexto Día

1. Lee Romanos 3:1-8. Los versículos 7 y 8 son fascinantes, porque presentan el intento final de los judíos no creyentes para desautorizar la teología de Pablo. Los versículos revelan la mentalidad que a veces resulta cuando se eleva la ley por encima de la gracia de Dios. Describe esta mentalidad. ¿Esto intensifica tu deseo para abandonar la ley y gozar la gracia de Dios?

2. Has cumplido la parte de Romanos que verifica el porqué un judío que rechaza a Cristo está condenado (Romanos 2:17-3:8). ¿Cuál ha sido la verdad más emocionante que has aprendido de esta sección? ¿Cómo te beneficiaría esa verdad mientras compartes a Cristo con un judío no creyente?

Romanos 3:1-8 Lección

Ataques de los oponentes judíos de Pablo

La vida es durísima para los que se adhieren a la ley (la ley dada a Israel por Moisés). ¿Estás preparado para explorar la mentalidad de aquellos que eligen la ley en vez de la gracia? Romanos 3:1-8 revela algunos de los argumentos que los judíos no creyentes dijeron a Pablo mientras llevó el evangelio al mundo.

Mientras estudias estos ocho versículos, debes relacionarlos con Romanos 2:17-29 que es parte de la sección de Romanos 2:17-3:8 que trata unicamente de los judíos. Debemos recordar que el hombre judío no creyente se consideró en relación justa con Dios por tres razones: (1) Era descendiente de Abraham, y por eso era judío (2) Era parte de la nación que ha recibido la Ley (3) Ha sido circuncidado. Según su penamiento, cualquier o todos los puntos anteriores le servirían. Pero el evangelio de Pablo dijo que el hombre, cualquier hombre, sea judío o gentil, tiene una relación justa con Dios solamente si se ha arrepentido y elegido recibir a Cristo como Salvador cuando estaba depravado espiritualmente. Sólo podemos imaginar el resentimiento que los judíos no creyentes tenían de la enseñanza de Pablo.

Para entender los versículos 1-8 correctamente, debemos considerar las circunstancias en las que fueron escritos. Según la teología de Pablo, los judíos ya no podían considerar que ni su judaísmo, ni la ley, ni que la circuncisión proveyera una relación justa con Dios. Pablo había destruido todos estos argumentos en Romanos 2:17-29. Por consiguiente, su única alternativa era atacar la teología de Pablo. Por eso, Pablo habla de las preguntas que habría enfrentado muchas veces mientras compartió el evangelio con los judíos no creyentes.

Romanos 3:1 cita dos de estas preguntas: "*¿Cuál es, entonces, la ventaja del judío?*" "*O cuál beneficio de la circuncisión?*" Sin duda, los oponentes judíos de Pablo estaban desconcertados al punto de preguntar: "Si lo que enseñas es la verdad, ¿tiene algúna ventaja en absoluto ser judío?" Pablo responde con rapidez, diciendo que hay una ventaja "*grande*" el ser judío y gran beneficio en la circuncisión (Romanos 3:2). Después de todo, a los judíos "*les han sido confiados los oráculos de Dios.*"

Los "*oráculos de Dios,*" también mencionados en Hechos 7:37-38, fueron recibidos por Moisés en el Monte de Sinaí. Así que la palabra "*oráculos,*" en este caso, es sinónimo de la ley. Como aprendimos de Romanos 1:20, Dios primeramente Se reveló a la humanidad por medio de la creación. Sin embargo, esta revelación es menor cuando se compara al grado en que Dios Se reveló através de la ley, porque un oráculo es una comunicación o revelación divina. Por estos "*oráculos,*" la nación judía tenía oportunidad de conocer a Dios en una manera que no había sido provista a los gentiles. Ninguna otra nación había recibido tal revelación. Así, la ventaja dada a la nación judía era inequívoca.

Sin embargo, los judíos no creyentes mal interpretaron el propósito de la ley. En vez de permitirla revelar su pecado y confirmar su necesidad del Salvador, percibieron la ley como un fin en sí misma. De hecho, la ley (Génesis a Deuteronomio) y los profetas (Isaías a Malaquías) eran memorizados apasionadamente, pero tenían poco impacto en la vida cotidiana por causa de su desobediencia. Su devoción a la ley, pero falta de aplicación se puede ver claramente en Mateo 2:3-6, pues los líderes judíos le revelaron a Herodes la ubicación exacta del nacimiento del Mesías, pero fueron directamente responsable por la muerte de Él (Mateo 27:20). Sin duda, tenían la letra de la ley, pero no conocieron al Dios quien les dio la ley.

El Padre requiere arrepentimiento y fe de los depravados espiritualmente (los perdidos) antes de liberarlos de la ley y conferirles nueva "*vida*" en Cristo (lee 2 Corintios 3:1-18). Lee 2 Corintios 3:16:

"pero cuando alguno se vuelve al Señor, el velo es quitado." (2 Corintios 3:16)

La combinación de Éxodo 34:27-35 y 2 Corintios 3:1-18 revela que el antiguo pacto (la ley) es temporal mientras el *"nuevo pacto"* es eterno. La comparación intrigante de Pablo en 2 Corintios 3:6-9 del antiguo pacto con el nuevo dice que *"la letra* [el antiguo pacto] *mata, pero el Espíritu* [el nuevo pacto] *da vida"* (v. 6). También habla de un *"ministerio de muerte"* (v.7) y *"condenación"* (v.9) provocados por la Ley. Éxodo 20:18-21 y Hebreos 12:18-24 prueban también que la Ley no puede traer a una persona a un lugar de intimidad con el Creador. La ley fue dada como *"ayo* [maestro] *para conducirnos a Cristo,"* (Gálatas 3:24, 1 Timoteo 1:8-11) para que los depravados espiritualmente se arrepintieran y creyeran.

Cuando un sistema de pensamiento es desacreditado, a menudo los miembros de ese sistema que está siendo desacreditado se defienden mal representando la perspectiva de aquellos que prueban errores en su sistema. Los judíos no salvados usaron el mismo enfoque con la teología de Pablo. Como verás, sus argumentos no hicieron nada para sacudir a Pablo ni refutar su evangelio.

Romanos 3:3 tiene una pregunta dirigida a Pablo por sus oponentes judíos.
"Si algunos fueron infieles, ¿acaso su infidelidad anulará la fidelidad de Dios?" (Romanos 3:3)
Estos judíos preguntaron: "Supongamos que Cristo es el Mesías mencionado en la ley y los profetas, pero algunos de nosotros no creemos. ¿Estará Dios obligado a salvar a toda la nación judía?" Su meta era probar que, si Dios salva una parte de la nación judía, está obligado a salvar a la nación entera. Creyeron el opuesto también, que si Dios condena a una porción de la nación está obligado a condenar a la nación entera. Estos hombres no se dieron cuenta de que Dios es fiel a Sus promesas con relación a la salvación, independientemente de la cantidad de gente que acepte a Cristo como Salvador. ¡Dios es fiel! Ha sido fiel desde la creación y continuará siendo fiel por toda la eternidad. Si todos tus amigos rechazan el evangelio, niegan a Cristo, lo maldicen, se alejan y nunca cambien de mentalidad, Dios te será fiel.

Un ejemplo de la fidelidad de Dios se puede ver en 2 Reyes 22-23. Casi todo el reino de Judá se había sometido al pecado, y la Ley de Dios no era vista como el estándar para vivir rectamente. Entonces, Josías, un rey piadoso, reinstaló la Ley. Dios, sin embargo, no necesitó que lo reinstalara a Él. Había permanecido fiel al remanente creyente aúnque la mayoría de la nación se ahogaba en el pecado. Una y otra vez, Dios ha mostrado su implacable fidelidad, y la buena noticia es que continúa hoy. Por consiguiente, *"si somos infieles, El permanece fiel pues no puede negarse a sí mismo"* (2 Timoteo 2:13). ¿Te animó a leer sobre Su fieldad en 2 Timoteo 1:12, I Corintios 10:13, 1 Corintios 1:9, 1 Tesalonisenses 5:24, 2 Tesalonisenses 3:3, Hebreos 2:17, Hebreos 3:6 y otros versículos mientras respondías a las preguntas de esta semana?

En Romanos 3:4, Pablo responde a la pregunta de los judíos no creyentes de Romanos 3:3 usando un lenguaje fuerte, *"¡De ningún modo!"* *"De ningún modo"* la falta de creencia en la nación judía debe anular la fidelidad de Dios a los judíos que creen. Pablo entendió bien que *"sea hallado Dios veraz, aunque todo hombre sea hallado mentiroso."* Pero no para aquí, sigue diciendo, *"Para que seas justificado en tus palabras y venzas cuando seas juzgado."* Las palabras *"seas juzgado,"* pueden ser interpretadas, *"entras al juicio."* Por eso, la última frase del verso se puede interpretar: *"y venzas cuando entras al juicio."* Sí, cuando Dios juzga, nadie, ni siquiera un judío no creyente, lo puede acusar de ser injusto o desleal.

Pablo habla de la *"injusticia"* y como se relaciona a la *"justicia"* de Dios en el versículo 5. Evidentemente, los judíos que no estaban de acuerdo con el evangelio de Pablo habían dicho, "Lo que enseñas prueba que *'nuestra injusticia hace resultar la justicia de Dios.'* De hecho, si nuestros hechos de desobediencia presentan oportunidad para que la justicia de Dios sea manifestada a un nivel siempre creciente, que sucesivamente mejora la reputación de Dios,

¿cómo puede Él condenar nuestro pecado? De hecho, necesitamos pecar a un grado mayor para que Su justicia pueda manifestarse más." ¿Puedes creer que harían declaraciones tan extremas?

Considera el problema frente a la humanidad si esta idea absurda fuera verdad. Primero, ni una persona sería juzgada y Dios no sería Dios; no tendría razón de sentarse en el trono del universo. Segundo, si Dios no juzga el pecado, el mundo estaría atrapado en el pecado por toda la eternidad. Tercero, si el pecado del hombre mejoró la reputación de Dios y Él juzgó tal pecado, ¡Él sería completamente injusto!

De los argumentos presentados por los judíos, es obvio que al hombre no le gusta admitir su maldad. Para crecer en el Señor, sin embargo, debemos ser enseñables, nunca endurecidos por el engaño del pecado, y siempre manteniendo el deseo de admitir nuestros errores.

Para entender Romanos 3:6, debemos entender que el judío no salvado creía que el juicio de Dios era dirigido a los gentiles únicamente. Sin embargo, Pablo dice que sería imposible para Dios juzgar *"al mundo"* sin juzgar al judío no creyente. El juicio del cual se habla aquí es el *"gran trono blanco"* en Apocalipsis 20:11-15, un juicio dirigido hacia los que rechazan la provisión de Dios en Cristo.

En Romanos 3:7-8, los enemigos de Pablo hacen su ataque. Lo acusan de enseñar, *"Hagamos el mal para que venga el bien."* Efectivamente, acusaron a Pablo de darle al hombre permiso para pecar. La esclavitud a la ley muchas veces produce tal pensamiento incorrecto.

¿Te das cuenta de lo que hace la ley? Mata, derrota y destruye, y ese es su propósito. Sin embargo, permanecerse bajo la ley eventualmente lleva al permiso para que el hombre esté libre para pecar tanto como quiera. Ellos que promueven a esta mentira eventualmente dicen, "Hagamos el mal para que venga el bien." Sin embargo, si el bien viene de lo malo, el mal sería la fuente de lo bueno, haciendo inexistente la verdad absoluta. Es así que Pablo refuta todo argumento generado por los judíos no creyentes.

Nuestro estudio de Romanos 3:1-8 se puede resumir en una frase, "El legalismo más estricto lleva al permiso mayor" (fuente desconocida). ¡Que seamos siempre liberados de la esclavitud de la ley por la gracia que se nos ha dada en Cristo!

Nuestra base se hace más fuerte. De hecho, tres semanas más de estudio y la base soportará fácilmente las verdades de Romanos 5-8.

Romanos 3:9-31 Preguntas

Primer Día

1. Lee Romanos 3:9-31. No olvides orar por sabiduría. Haz una lista de las diferentes clases de personas que Pablo condena en Romanos 1:18-32, Romanos 2:1-16, y Romanos 2:17-3:8.

2. Pablo condena al mundo entero, digo, el mundo perdido en Romanos 3:9-18. En tu opinión, ¿por qué lo haría en esta etapa de esta epístola? Pista: Considera los que ha condenado previamente. También considera lo que dice en el versículo 9.

3. Dentro de los parámetros de los versículos 10-18, Pablo también describe las características de una sociedad que no conoce a Dios. ¿Cuál de estas características son más prevalentes hoy en día? ¿Cuáles te preocupan más y por qué?

Segundo Día

1. Lee Romanos 3:9-31. Pablo explica el propósito de la Ley en Romanos 3:19-20. ¿Cuál es su propósito?

2. En tus propias palabras, ¿qué significa ser, *"hecho responsable ante Dios"* (v. 19)?

3. Por medio de el camino de la Ley, ¿puede el hombre hacer obras suficientes para ganar una relación justa con Dios? Si no es así, ¿por qué no (v.20)?

4. ¿Has intentado vivir la vida Cristiana bajo la Ley? Si es así, ¿qué ocurrió? ¿Dirías que tu intento fue exitoso? Piensa en los versículos 19 y 20 durante los próximos días. Si quieres, puedes memorizarlos.

Tercer Día

1. Lee Romanos 3:21-31. Según Romanos 3:21, *"aparte de la ley, la justicia de Dios ha sido manifestada..."* ¿Qué significa esto? ¿Qué comunica sobre la Persona de Cristo?

2. En referencia al mismo versículo (v.21), ¿*"[L]a ley y los profetas,"* (en otras palabras, las Escrituras de Antiguo Testamento) son testigos de que Dios impartió su *"justicia" "aparte"* o separado *"de la ley"*? Si es así, haz una lista de ejemplos de dónde ocurre.

3. Según Romanos 3:22, ¿Dios le imparte *"la justicia"* a quién? ¿Cómo se relacionan 2 Corintios 5:21 y este pasaje?

Cuarto Día

1. Lee Romanos 3:21-31. Teniendo en cuenta de las palabras de Pablo de Romanos 1:18-3:18, ¿por qué diría ahora, *"por cuanto todos pecaron y no alcanzan la gloria de Dios"* (v.23)? ¿Qué significan las palabras, *"todos pecaron"*?

2. ¿Por qué Pablo quería que sus lectores entiendieran que *"todos"* los que no conocen a Cristo *"no alcanzan a la gloria de Dios"* (v.23)? ¿Por qué *"no alcanza"* la humanidad ésta *"gloria"*? Si tienes dificultad para responder a esta pregunta, las próximas preguntas, y respuestas, deben ayudarte a conectarlo todo.

3. Según Juan 1:14 y Colosenses 1:27, ¿por medio de cuál camino recibe un creyente su *"gloria"*? ¿Cómo crece tu agradecimiento a Cristo por lo que hizo por medio de su muerte, entierro y resurrección?

4. La *"gloria"* de Dios, que Cristo personifica en el Nuevo Testamento, se ve en el Antiguo Testamento en forma de nube o fuego. Lee los siguientes versículos y escribe cualquier nuevo

pensamiento: Éxodo 3:2, 13:21-22, 19:16-18, 40:34; 2 Crónicas 5:13-14; Ezequiel 11:22-25; Lucas 2:8-9; Juan 1:14; Hechos 1:9, 2:3; Colosenses 1:27

Quinto Día

1. Lee Romanos 3:21-31. En el versículo 24, Pablo usa tres términos que son más que significativos: *"justificados," "gracia,"* y *"redención."* Define estos términos con tus propias palabras. Para hacerlo, tal vez necesitarás ayuda de otras fuentes.

2. Ahora que has definido *"justificados," "gracia,"* y *"redención,"* escribe lo que Romanos 3:24 te comunica.

3. En Romanos 3:25, ves el término *"propiciación"* (LBLA). ¿Qué significa? ¿Cómo se relaciona con Hebreos 9:5, dándote cuenta de que la misma palabra griega que se usa para *"propiciación"* en Romanos 3:25 se interpreta *"propiciatorio"* en Hebreos 9:5? Si tienes alguna dificultad en responder a las preguntas de hoy, la ayuda viene en la lección de esta semana. Sin embargo, recuerda usar todos los recursos antes de leer la porción de la lección que relata tus preguntas sin respuestas.

4. El versículo 25 tiene la frase, *"demostración de su justicia."* ¿Cómo *"demuestra"* la cruz de Cristo *"su justicia"*?

5. Romanos 3:25 también contiene la frase, *"pasó por alto los pecados cometidos anteriormente."* Pablo se refiere a los pecados cometidos por creyentes que vivieron antes de la cruz. ¿Qué dice Pablo aquí, y como se relaciona a Hebreos 9:11-12, Hebreos 10:4, 10:11 y 10:14? Asegúrate de entender lo que aprendes sobre la superioridad de la sangre de Cristo.

Sexto Día

1. Lee Romanos 3:21-31. ¿Qué dice Pablo sobre la *"fe"* en los versículos 27-30? Según el versículo 27, ¿pueden ellos que usan fe cuando estaban depravados espiritualmente jactarse ante Dios? Si no es así, ¿por qué no?

2. ¿A quién se refiere Pablo cuando habla de *"los circuncisos"* y *"los incircuncisos"* (v.30)? Efesios 2:11-12 te ayudaría a responder esta pregunta.

3. ¿Cómo es que *"confirmamos la ley"* *"por medio de la fe"* (v.31)?

Romanos 3:9-31 Lección

La condenación del mundo entero

Pablo ha condenado a los paganos (Romanos 1:18-32), el hombre moral (Romanos 2:1-16), y el Judío (Romanos 2:17-3:8). Ahora condena al mundo entero (Romanos 3:9-18). Ya ha probado *"que tanto judíos como griegos están todos bajo pecado"* (versículo 9). En los versículos 10-18 describe la condición de una sociedad que no conoce a Cristo. Las palabras de Pablo deben hacernos prestar atención. No puedo evitar comparar su descripción del mundo con el mundo en el que vivimos hoy en día. Cuando el hombre rechaza alabar a Dios, la destrucción es inevitable, en cualquier etapa de la historia.

La justicia por fe, no por la ley

¡Buenas noticias vienen en Romanos 3:19! Dios, en su misericordia, con su palabra creó *"la ley"* para cerrar la *"boca"* del hombre y hacerlo *"responsable a Dios."* Para decirlo simplemente, la ley fue dada para revelar el pecado del hombre y mostrarle su necesidad de un Salvador. En otras palabras, fue dada para llevar al hombre al arrepentimiento (vv. 19-20) *"pues por medio de la ley viene el conocimiento del pecado."* Ese fue el trabajo de la ley en esa época, y es lo mismo hoy en día. La ley fue dada para que el hombre deje de tratar de agradar a Dios por sus propios esfuerzos y se entregue a Su gracia que salva. ¡El dicho de Pablo en el versículo 20 es tan verdadero!

> *...por las obras de la ley ningún ser humano será justificado delante de Él; pues por medio de la ley viene el conocimiento del pecado.* (Romanos 3:20)

¡Según el versículo 21, aún mejores noticias vienen!

> *Pero ahora, aparte de la ley, la justicia de Dios ha sido manifestada, atestiguada por la ley y los profetas.* (Romanos 3:21)

La palabra *"justicia"* significa "tener relación justa con Dios- ser libre de culpa, o ser justificado." Pablo dice que se puede lograr una relación justa con Dios *"aparte de la ley"* y que tal está *"atestiguada"* por la parte de la Biblia que se llama *"la ley y los profetas."* Por ejemplo, Abram apareció en Génesis, una parte de la Biblia que se llama *"la ley"* que consiste de Génesis a Deuteronomio. De hecho, Abram está mencionado primeramente en Génesis 11:26-32. Sin embargo, en Génesis 15:6 Dios lo declaró justo basado en la fe, antes de que Dios diera la ley en Éxodo 20. Este orden de eventos prueba que Dios puede declarar que un hombre sea justo *"aparte de la ley"* dada a Israel. Claramente, esta *"justicia"* que Dios da *"aparte de la ley"* se describe en Génesis, uno de los cinco libros bíblicos llamados *"la ley."* Por eso, Romanos 3:21 hace más que válido este argumento.

Esta *"justicia"* también está *"atestiguada por... los profetas."* Por ejemplo, el profeta Isaías, en Isaías 53, atestiguó (profetizó) que un Salvador sufriente, Jesucristo, moriría por el pecado del hombre y sería el camino por la cual *"la justicia"* sería dada a los creyentes. Romanos 4:6-8 también enseña que David, un profeta, habló *"de la bendición que viene sobre el hombre a quien Dios atribuye justicia aparte de las obras,"* es decir, *"aparte de"* las *"obras"* de la ley. Otra vez vemos más ayuda para Romanos 3:21.

En el versículo 22, Pablo confirma que Dios da *"la justicia"* con base de la *"fe en Jesucristo."* Sí, Dios nos hizo tan justos como Él es justo al ponernos *"en Cristo"* (2 Corintios 5:17, 21) después de que nos arrepentimos y creímos cuando estabamos depravados espiritualmente. ¡¡Este regalo de *"la justicia"* es porque somos santos en vez de pecadores sucios salvados por gracia!!

Romanos 3:23 es más profundo de lo que el lector puede entender a primera vista. El verso dice:

por cuanto todos pecaron y no alcanzan la gloria de Dios, (Romanos 3:23)

Pablo hizo muy claro que *"todos pecaron."* Para comprender el significado de la segunda frase, *"y no alcanzan la gloria de Dios,"* debemos leer detalladamente.

La frase, *"la gloria de Dios,"* indica la manifestación física de Dios- que apareció en el antiguo testamento en forma de una nube y/o fuego. Esta gloria le apareció a Moisés en Éxodo 3:2 y a Israel en Éxodo 13:21-22 y Éxodo 19:16-18. Reapareció y se quedó en la tierra después de que se completó el tabernáculo en Éxodo 40:34-38, hasta llenar el templo del Rey Salomon en 2 Crónicas 5:13-14. Esta misma gloria salió de Jerusalén y ascendió al cielo en Ezequiel 11:22-25, quedándose allí hasta Lucas 2:8-9. Porque Jesucristo es la *"gloria"* de Dios (Juan 1:14), la gloria regresó a la tierra en la Persona de Cristo. Después de la resurrección de Cristo, la gloria ascendió al cielo (Hechos 1:9), para reaparecer en el día de Pentecostés (Hechos 2:3) para vivir en todos los cristianos. En consecuencia, Dios puso su *"gloria"* dentro de nosotros (Colosenses 1:27) después de que nos arrepentimos y creímos cuando estabamos depravados espiritualmente (Hechos 16:31, Romanos 10:9-10). ¡Qué buenas noticias!

"Justificados" en Romanos 3:24 significa, "ser hechos justos (correctos) ante los ojos de Dios." Así, si eres creyente, el Padre te ve como si nunca hubieras pecado. También te ve como si no fueras a pecar de nuevo. Considera, también, que fuimos *"justificados gratuitamente por su gracia,"* *"gracia"* se define como: "favor inmerecido." La justificación que Dios cumple en la vida de un creyente está dada *"gratuitamente."* Sin duda esta no se puede merecer. Después de todo, *"la fe"* que se usa cuando depravado espiritualmente es todo menos una *"obra"* (Romanos 3:27, 4:5, 9:32).

Aún más noticias buenas vienen. *"Redención"* (v. 24) significa "ser emancipado, liberar por pagar un precio." Por eso, nuestros pecados fueron redimidos (completamente pagados) en la cruz por la gracia de Dios. También, nuestra naturaleza pecaminosa fue erradicada por la muerte de Cristo, de la que hablaremos en Romanos 6. Así, fuimos *"justificados"* (hechos justos) por la *"gracia"* de Dios (el favor inmerecido) *"por medio de la redención que es en Cristo Jesús,"* una *"redención"* que se aplicó después que nos arrepentimos y creemos cuando estabamos depravados espiritualmente. Sin duda, Jesucristo pagó nuestros pecados en 30 dC, pero el pago no se acreditó a nuestra cuenta hasta que nos arrepentimos y creímos cuando estabamos depravados espiritualmente.

Mientras examinamos la cruz con más profundidad, vamos a hacernos más y más conscientes del amor del Padre para con nosotros. No sólo puso nuestros pecados, con los pecados de toda la humanidad, en Su Hijo altruista. También estableció una amistad con nosotros después de que nos arrepentimos y creimos cuando estabamos depravados espiritualmente. La misericordia de Dios demostrada hacia el pecador entristecido es lo que significa la *"propiciación"* (Romanos 3:25), porque la misma palabra griega traducida *"propiciación"* en Romanos 3:25 se traduce *"propiciatorio"* en Hebreos 9:5. El propiciatorio, que estaba encima del arca del pacto, y después en el templo, fue donde se expiaron (o cubrieron) los pecados. El sumo sacerdote entraba al lugar santísimo *"...una vez al año... lleva[ndo] sangre... por si mismo y por los pecados del pueblo..."* (Hebreos 9:7). Esta sangre se derramaba en el propiciatorio, tras lo cual los pecados de Israel eran expiados. La muerte de Jesucristo removió la necesidad de ofrecer esta sangre, un tema que se trata con más profundidad en Hebreos 9:1-28.

Permíteme preguntarte algo. ¿Cómo era la *"demostración"* de la *"justicia"* de Dios (Romanos 3:25)? En otras palabras, ¿tenía razón Dios cuando juzgó el pecado? Claro que sí, porque tenía que juzgar el pecado para mantenerse justo. Nunca ha pecado, nunca pecará, y no puede tolerar el pecado. Ya que el hombre está perdido y es incapaz de salvarse a sí mismo, el único recurso era un Dios hecho hombre puro quien muriera por el pecado. Porque Jesucristo era sin pecado, Él era el único Ser que pudo morir por los delitos del hombre. Él era ofrenda perfecta. En verdad, la *"justicia"* de Dios, el hecho de que Él estaba correcto en juzgar el pecado se demostró en la cruz.

Es crítico entender el próximo tema para ver la cruz desde la perspectiva de Dios, por eso, debes meditar un buen rato en lo que sigue.

Los pecados sólo se expiaron, o se cubrieron, por los sacrificios ofrecidos bajo la ley de Moisés. Estos pecados no fueron perdonados hasta la cruz. Por eso, ningún pecado de creyente durante la época del antiguo pacto fue perdonado hasta que Jesucristo murió. Así Pablo dice

Dios pasó por alto los pecados cometidos anteriormente (Romanos 3:25).

También, Hebreos 10:4 y 10:11 verifican que *"la sangre"* de animales nunca puede *"quitar los pecados."* Sólo la sangre de Jesucristo puede cumplir esto.

Porque Dios es *"justo"* y *"el que justifica al que tiene fe en Jesús"* (v.26), el creyente no puede llevarse el crédito por su salvación. ¿Por qué es así? Toda *"jactancia... queda excluida"* cuando se da cuenta que somos *"justificado[s] por la fe"* en vez de por *"las obras de la ley"* (vv.27, 28). No malentiendas. Pablo no dice que la fe que usamos cuando estabamos depravados espiritualmente nos salvó (nos justificó), sino que Dios nos salvó (nos justificó) después de que usamos fe cuando estabamos depravados espiritualmente. La fe que usamos cuando estabamos depravados espiritualmente, por eso, no es una obra, esta es la idea que Pablo enfatiza en versículos 27-28.

Mira la frase, *"la ley de fe"* (v.27). La palabra *"ley"* en este caso, al verlo en contexto, se puede traducir como *"principio"* y no se debe confundir con la ley (reglas y regulaciones). Somos *"libres"* de la ley de reglas y regulaciones (Gálatas 5:1) al aceptar *"la ley"* (el principio) de *"la fe"* (Romanos 3:27). Discutimos ese tema con más detalle más adelante.

Según Romanos 3:29-30 y Efesios 2, *"Dios"* no es solo *"el Dios de los judíos,"* *"los circuncisos,"* pero también es *"el Dios de los gentiles,"* *"los incircuncisos."* De hecho, Efesios 2:14 dice que Jesucristo *"de ambos pueblos hizo uno."* Así, durante la época de la iglesia, ambos judíos y gentiles se convierten en *"un cuerpo"* por haber sido puestos en Cristo después de arrepentirse y creer cuando estaban depravados espiritualmente. Nota las palabras de Pablo en Efesios 2:14-16:

Porque El mismo es nuestra paz, quien de ambos pueblos hizo uno, derribando la pared intermedia de separación, aboliendo en su carne la enemistad, la ley de los mandamientos expresados en ordenanzas, para crear en sí mismo de los dos un nuevo hombre, estableciendo así la paz, y para reconciliar con Dios a los dos en un cuerpo por medio de la cruz, habiendo dado muerte en ella la enemistad. (Efesios 2:14-16)

Innegablemente, el arrepentimiento y la fe tienen que ser usados por los que están depravados espiritualmente <u>antes</u> que Dios les dé la salvación. Por eso, Pablo no enseña que el arrepentimiento y fe que usan los depravados espiritualmente los salva (los justifica). Más bien, enseña que Dios salva (justifica) a los depravados espiritualmente después de que se arrepienten y creen. En este caso, ¿puede "*la fe*" anular "*la ley*"? Pablo dice que no en Romanos 3:31:

> *¿Anulamos entonces la ley por medio de la fe? ¡De ningún modo! Al contrario, confirmamos la ley.* (Romanos 3:31)

Debemos recordar el propósito original de la ley para seguir los pensamientos de Pablo, porque fue dado para revelar el pecado (Romanos 3:19-20) y demostrarle al hombre su necesidad del Salvador (Gálatas 3:24). Así, no "*anulamos... la ley por medio de la fe,*" pero la "*confirmamos*" (Romanos 3:31). Esto es divertido, ¿no?

Romanos 4:1-12

Primer Día

1. Lee Romanos 4:1-12. ¿Por qué Pablo menciona a Abraham en esta parte de la epístola? ¿Qué posición tenía Abraham en la nación judía?

2. Lee Génesis 12:1-15:21 y escribe lo que descubres con respecto a la fe de Abraham.

Segundo Día

1. Lee Romanos 4:1-12. Continúa leyendo sobre Abraham en Génesis 16:1 hasta 19:38. Escribe todo lo que encuentres que se relacione a la fe de Abraham.

Tercer Día

1. Lee Romanos 4:1-12. También lee Génesis 20 hasta 22:24. ¿Puedes mostrar el tipo de fe que Abraham ejemplifica en estos capítulos? Si no, ¿qué pasos positivos puedes hacer para poseer una fe similar?

2. Ahora que has leído Génesis 12:1 hasta 22:24, haz una lista de algunas de las debilidades de Abraham.

3. Abraham era visto como un hombre de fe, aunque tenía muchas debilidades (lee Hebreos 11:8-12). ¿Notaste que ninguna de las fallas en el carácter de Abraham se menciona en Hebreos 11:8-12? ¿Qué significa esto con respecto a nuestro Dios?

Cuarto Día

1. Lee Romanos 4:1-12. Según Hebreos 11:17-19, ¿qué pensaba y creía Abraham mientras ofrecía a Isaac? ¿Qué te dice de la importancia de saber *"las promesas"* de Dios y creer *"las promesas"* de Dios como Abraham lo hizo?

2. ¿Qué dice Pablo de Abraham en Romanos 4:1-3? ¿Cómo verifican los versículos 2-3 que la fe, usada cuando una persona está depravada espiritualmente, anula la jactancia? Escribe como Romanos 4:2-3 y Romanos 3:27 se apoyan el uno al otro, enseñando que la fe usada por los depravados espiritualmente, antes de regeneración espiritual, no es obra.

3. Según el versículo 3, ¿por qué Dios le reconoció a Abraham por justicia? ¿Recuerdas qué versículo en Génesis 15 habla de ese evento maravilloso? Recuerda la ubicación de ese pasaje, te servirá bien mientras seguimos.

Quinto Día

1. Lee Romanos 4:1-12. ¿Qué te comunica el versículo 4? Según es versículo 5, ¿*"la fe"* que usan los perdidos (los depravados espiritualmente) es obra?

2. En Romanos 4:5, Pablo escribe que Dios *"justifica el impío."* ¿Quiénes son los impíos?

3. Se menciona *"David"* en Romanos 4:6 y lo cita en los versículos 7 y 8. Habla de una *"bendición"* específica. ¿Cuál es esta *"bendición"*? De lo que hemos estudiado hasta este punto, ¿cómo se recibe esta *"bendición"*?

Sexto Día

1. Lee Romanos 4:1-12. ¿Recuerdas cuál versículo en Génesis 15 habla de la declaración que Abraham fue reconocido por justicia? Después de encontrar este pasaje, lee Génesis 17:22-24. ¿Fue declarado justo Abraham antes de o después de ser circuncidado? ¿Cómo se relaciona esto con Romanos 4:9-11? Escribe cualquier nuevo pensamiento.

2. Según Romanos 4:11-12, ¿qué propósito tiene la circuncisión? Ahora, en tus propias palabras, escribe el propósito de la circuncisión.

Romanos 4:1-12 Lección

La fe de Abraham aparte de las obras

En esta sección, Pablo introduce uno de los mejores nombres en la historia: Abraham. Lo que estudiaste en esta semana debe confirmarte que Abraham era hombre de fe. Obedeció a Dios y se mudó de Harán a Canaán (Génesis 12:1-5). También creyó las promesas de Dios (Génesis 15:6), através de la cual, por obediencia, circuncidó a toda su gente (Génesis 17:9-27). Hasta Abraham mismo fue circuncidado según Génesis 17:24. Cuando Dios le pidió, le ofreció a Isaac, el hijo de la promesa, en el altar (Génesis 22:1-19). Abraham podía responder así por una sóla razón: Dios ha prometido que Isaac tendría descendientes (Génesis 17:19, 21:12). Por eso, sabía que, si Abraham tomara la vida de Isaac, Dios resucitaría a Isaac (Hebreos 11:17-19). ¿Puedes ver la importancia de saber las promesas de Dios? ¡¿Esto te anima a conocer la Palabra de Dios?!

Sin duda, Abraham poseía una fe enorme. Pero él, como nosotros, tenía debilidades. Le pidió a Sara que mintiera sobre su relación de esposos y fingiera ser su hermana. Lo hizo dos veces, en Génesis 12:10-20 y en Génesis 20. Realmente, ella era su media hermana (Génesis 20:12), pero Dios odia verdades a medias porque verdades a medias son pecado. Sin embargo, Sara era protegida en una manera supernatural por las promesas de Dios.

Aunque Abraham tenía gran fe, tenía fallas en su carácter que sólo Dios podía arreglar. Por ejemplo, en vez de esperar que Sara concibiera y diera a luz al hijo de la promesa, fue impaciente e Ismael nació por medio de Agar (Génesis 16). Aún, así nota que Dios no menciona ninguno de sus pecados en Hebreos 11:8-12 y 17-19. Si te has sometido al Dios de Abraham, Él ha borrado tus pecados, también.

Para los judíos, nadie es mejor que Abraham; él es su padre (Romanos 4:1, Juan 8:37-39). Entonces, ¿cómo obtienen los judíos, siendo descendientes de Abraham, una relación justa con Dios? La respuesta está en Romanos 4.

Si Abraham hubiera sido *"justificado por sus obras,"* tendría *"de qué jactarse..."* (v.2). Sin embargo, ya hemos estudiado que nadie puede hacer obra suficiente para tener una relación justa con Dios. En consecuencia, la fe de Abraham, que tenía cuando estaba depravado espiritualmente, causó que Dios le reconociera como justo (Romanos 4:3).

¿Entiendes lo que dice Pablo en Romanos 4:4? Mientras que percibamos que las obras nos ganan favor con Dios, tal vez pensamos incorrectamente que Dios nos deba algo. A menos que se reemplace esta actitud con arrepentimiento y *"fe"* (Romanos 4:5), la persona se enfrentará al juicio de Dios del que se habla en Apocalipsis 20:11-15.

Nota, también, que Dios tiene la intención de justificar a *"los impíos"* (Romanos 4:5). Antes de que Dios nos haga justos, debemos admitir cuando estabamos depravados espiritualmente que somos *"impíos,"* total y completamente destruidos en relación con justicia y santidad. Ese *"arrepentimiento,"* que es un cambio de actitud sobre el pecado, *"conduce a la vida"* (Hechos 11:18), la *"vida"* eterna que Dios les da a los depravados espiritualmente que eligen arrepentirse y creer.

En Romanos 4:6, Pablo habla de David, el hombre conforme al corazón de Dios, el hombre amado de Dios. El propósito de Pablo aquí, cuando se lee toda la Escritura, es que David creía que la *"justicia"* de Dios era dada (aparte de las obras de la ley) a los que se arrepienten y creen cuando estaban depravados espiritualmente. De hecho, estos pasajes prueban que el Señor no toma *"en cuenta"* (vv.7-8) el *"pecado"* de un creyente. Por eso, Dios no tiene registro de ningún pecado que hemos cometido en el pasado. Ni anota ningún pecado que cometemos ni en el presente ni el futuro. Hablaremos más de esto en algunas semanas.

La fe de Abraham aparte de la circuncisión

En Romanos 4:9-10, Pablo enfatiza de nuevo la circuncisión por una buena razón. Quiere probar que Dios declaró a Abraham justo antes de que Abraham se circuncidara. Por hacer su argumento solo en las Escrituras, remueve la habilidad de los judíos de decir que Abraham fue declarado justo por razón de su circuncisión. Observa mientras Pablo desarrolla su argumento.

Primero, en Romanos 4:9, pregunta a los judíos si la bendición que menciona David en Romanos 4:7-8 es *"...sólo para los circuncisos, o también para los incircuncisos..."* Entonces habla de nuevo de Abraham, porque por medio de Abraham se instituyó el pacto de la circuncisión (Génesis 17:9-27). Segundo, en Romanos 4:10, Pablo pregunta si Abraham fue declarado justo por Dios antes o después de ser *"circunciso."* Para responder a esta pregunta, los judíos consultaron el libro de Génesis y descubrieron que Abraham fue declarado justo en Génesis 15:6, por lo menos trece años antes de ser circuncidado (lee Génesis 15:6, 16:16, 17:24). Por eso, los incircuncisos pueden ser declarados justos, y esto prueba que la circuncisión no garantiza que nadie tenga una relación justa con Dios. Como siempre, ¡Pablo demuestra que está en lo cierto!

Romanos 4:11 explica los propósitos de la *"circuncisión:"* hay dos, por *"señal"* y *"sello."* ¿Cómo es una *"señal"*? Cada vez que un judío ve a un circuncidado, o recuerda su propia circuncisión, debe recordar que Dios da justicia en base a *"la fe."* Es *"sello"* porque es irreversible. En otras palabras, prueba que después de que Dios nos haga justos, subsiguiente a nuestro uso de arrepentimiento y fe cuando estabamos depravados espiritualmente, no podemos perder nuestra justicia y hacernos injustos. El mismo principio aplicaba en los días de Pablo también. De hecho, aplicó a creyentes que vivieron antes de la cruz, aunque solo fueron <u>declarados</u> justos antes del sacrifico perfecto de Jesús. Las buenas noticias son que eran <u>hechos</u> justos por medio de la muerte, entierro y resurrección de Jesucristo. Este tema se tratará en más profundidad en las semanas que vienen.

Nota que Abraham es *"padre de todos los que creen"* (versículos 11-12), si son circuncidados físicamente o no. Esta verdad verifica que ambos los judíos y los gentiles se hacen descendientes de Abraham por medio de la fe. En otras palabras, se hacen judíos verdaderos (Romanos 2:28-29). Pablo trata este tema en Efesios 2:11-16, donde dice que *"de ambos pueblos"* los judíos y los gentiles durante la época de la iglesia se hicieron solo un grupo. *"Hizo uno"* (v.14). Consecuentemente, por medio de la fe, y la salvación de Dios que resulta, los judíos y los gentiles participan en las bendiciones *"espirituales"* prometidas a Abraham.

No mal entiendas. Dios continúa tratando con la nación judía física como nación separada, como ha sido desde Génesis 12- cuando le empezó a hacer promesas a Abraham. Él, por eso, cumplirá las promesas físicas y espirituales hechas al Israel físico (revisa la lección de Semana 2).

¿Ves como el hombre puede mal interpretar el propósito y el plan de Dios? El propósito de Dios en mandar al hombre a ser circuncidado fue puro y sano, pero el hombre lo mal entendió y sufrió las consecuencias de su error. ¿No somos culpables del mismo modo cuando manejamos mal la verdad que se asocia con el evangelio? ¡Si pudiéramos percibir la verdad como Dios la percibe! Esta claridad debe ser nuestra meta mientras continuamos nuestra vida, cueste lo que cueste.

Romanos 4:13-25 Preguntas

Las lecciones previas deben ser de gran valor mientras trabajamos sobre las preguntas y la lección de esta semana.

Primer Día

1. Lee Romanos 4:13-25. Según Romanos 4:13, ¿que *"promesa"* hizo Dios a Abraham? ¿Apareció la ley dada a Moisés antes o después de esta *"promesa"*?

2. Según Gálatas 3:15-18, ¿cuántos años después de la promesa a Abraham de Dios dio *"la ley"* a Israel por medio de Moisés? Relaciona tu respuesta a lo que dice Pablo en Romanos 4:14 y escribe lo que encuentras.

3. Dedica tiempo a darle gracias al Señor por liberarte de la ley y ponerte bajo la gracia después de tu decisión de arrepentirte y creer mientras depravado.

Segundo Día

1. Lee Romanos 4:13-25. ¿Qué quiere decir Pablo cuando dice, *"la ley produce ira..."* (v.15)? Relaciona esto con Romanos 3:19-20.

2. ¿Qué quiere decir Pablo cuando dice, *"cuando no hay ley, tampoco hay transgresión"* (v. 15)? ¿No contó Dios el pecado del hombre contra el hombre antes de dar la ley a Israel? Explica. Me doy cuenta de que sería una pregunta difícil, pero intenta. La lección de esta semana debe ayudarte si necesitas ayuda.

Tercer Día

1. Lee Romanos 4:13-25. En los versículos 16 y 17, Pablo explica porque Dios da la justicia en base a *"la fe"* en vez de *"la ley."* ¿Qué razón tiene?

2. Relaciona Gálatas 3:7 y 29 con tu respuesta previa.

3. ¿Cómo se describe Dios en Romanos 4:17? ¿Qué comunica sobre Dios la frase, *"llama a las cosas que no existen como si existieran"*? Lee Hebreos 11:3 y Efesios 3:20 para ver como se relacionan a lo que acabamos de estudiar.

4. ¿Cuándo fue la última vez que Dios satisfació tus necesidades por llamar *"a las cosas que no existen"* que previamente no *"existieran"*?

Cuarto Día

1. Lee Romanos 4:13-25. Entonces lee Romanos 4:18 otra vez. ¿Qué significa creer *"en esperanza contra esperanza"*? ¿Has hecho esto en cualquier momento en el pasado? Si es así, ¿cómo continuaste cuando tus circunstancias parecieron sin esperanza? ¿Qué te enseñó Dios sobre Él mismo por esta experiencia? Haz una lista de cualquieres versículos (promesas) que te animaron mientras viviste de esa manera.

Quinto Día

1. Lee Romanos 4:13-25. ¿En qué creyó Abraham que le permitió creer *"en esperanza contra esperanza"* (vv.18-21)? ¿Qué comunica esto sobre la percepción de Abraham de las promesas de Dios?

2. Porque la frase, *"dando gloria a Dios,"* se refiere a la alabanza, el versículo 20 da entendimiento a la conexión entre la alabanza y la fe. En la vida de Abraham, ¿cómo se relacionan? ¿Se relacionaron en la misma manera en tu experiencia? Explica.

3. Lee parte o todoa los Salmos 145-150 y escribe lo que descubres sobre la alabanza.

Sexto Día

1. Lee Romanos 4:13-25. En Romanos 4:22, Pablo dice que la fe de Abraham *"le fue contada"* por justicia ante Dios. ¿Qué creyó Abraham que le causó que Dios le contara (le declarara) justo? Para la respuesta correcta, recuerda lo que hemos estudiado en los versículos previos.

2. ¿Qué debemos creer para que Dios nos cuente por justicia (vv.23-24)? Nota: Debemos tener cuidado con interpretar la palabra *"contar"* como relaciona a la justicia en su contexto apropiado. Los creyentes durante la época del Antiguo Testamento solo fueron declarados justos cuando usaron arrepentimiento y fe cuando estaban depravados espiritualmente, pero fueron hechos justos cuando Jesucristo murió. En otras palabras, fueron salvados a crédito. Por el otro lado, los creyentes neotestamentales son hechos justos en el momento que se arrepienten y creen cuando estaban depravados espiritualmente. Por eso, cuando la palabra "contar" se usa en conexión con la justicia, ten cuidado en recordar esta verdad.

3. ¿Qué comunica Romanos 4:25 respecto a la muerte y la resurrección de Jesucristo?

4. ¿Cuál es la verdad que te anima más de las preguntas de esta semana?

Romanos 4:13-25 Lección

La fe de Abraham aparte de la ley

Esta semana, hemos continuado nuestro estudio de Abraham, el hombre de la fe. En Romanos 4:9-12, Pablo usa Abraham para probar que la circuncisión no tiene nada que ver para que el hombre pueda tener una relación justa con Dios. En Romanos 4:13-25, otra vez habla de Abraham, esta vez para ilustrar que la justicia, una relación justa con Dios, no se puede lograr através las obras de la ley.

Dios prometió a Abraham *"...que él sería heredero del mundo..."* (Romanos 4:13). Te preguntarás, "¿Dónde hizo Dios tal promesa?" La respuesta se encuentra en Génesis 17:4-6 y otra vez en Génesis 22:17. Después en la lección de hoy, estudiaremos los detalles de esta promesa. Pero por ahora, nota que la promesa fue hecha antes de emitir la ley: La promesa vino en el libro de Génesis, la ley fue emitida después en el libro de Éxodo.

¿Ves lo que dice Pablo? Muchos judíos habían creído la mentira que la ley era su boleto al cielo. Pablo prueba el error en sus pensamientos, porque la *"promesa"* a Abraham *"vino cuatrocientos treinta años"* antes de la ley (Gálatas 3:17). Por eso, *"... si los que son de la ley son herederos, vana resulta la fe y anulada la promesa* [dada a Abraham]*"* Romanos 4:14). Así, Pablo prueba de nuevo que la ley no puede salvar.

La razón porque la ley no puede salvar es que *"...la ley produce ira..."* (Romanos 4:15). La ley fue dada para callarnos la boca (Romanos 3:19) y mostrarnos nuestra necesidad del Salvador (Gálatas 3:24). Nadie será salvado por cumplir la ley (Romanos 3:20), porque su propósito es revelar que el hombre necesita a Cristo. Cualquier persona que decline reconocer esta necesidad y rechaza arrepentirse y creer através de la fe mientras depravado será condenada en el juicio del *"gran trono blanco"* de Apocalipsis 20:11-15. Sin duda, *"... la ley produce ira..."* (Romanos 4:15).

La última parte de Romanos 4:15 es muy interesante: *"...pero donde no hay ley, tampoco hay transgresión."* ¿Enseña Pablo que el pecado no era juzgado antes de la ley (la ley dada a Moisés)? ¡Ni pensarlo! La ley fue dada en Éxodo 20, pero el pecado fue juzgado muchas veces entre Génesis 1:1 y Éxodo 20. Este juicio resultó porque el hombre vivió bajo la ley moral aún antes del tiempo de la ley de Moisés. Entonces, ¿qué comunica Pablo aquí? Dice que la ley fue dada para aumentar la conciencia del hombre perdido que está en violación del estándar de Dios para la santidad. Pablo enfatiza esta idea en Gálatas 3:24, cuando dice que *"la ley"* fue dada *"a ser nuestro ayo* [maestro] *para conducirnos a Cristo."* El propósito principal de la ley es mostrarles a los perdidos (depravados espiritualmente) que necesitan al Salvador y viven una vida de *"transgresión"* (Romanos 4:15).

La fe de Abraham en la "descendencia" (Cristo)

La historia no termina aquí. Dios salva a los perdidos (depravados espiritualmente), después de que creen através de *"la fe"* (y se arrepientan, claro), para que la salvación sea presentada a la humanidad basada en su *"gracia"* (Romanos 4:16). Al hacer esto, Él puede ofrecer la salvación a todos- no solamente a los recipientes de la ley. De hecho, Dios convierte a una persona a ser descendiente espiritual de Abraham después de que se arrepienta y crea, independiente de la nacionalidad de esta persona (Romanos 4:16-17). Mira como funciona.

"Cristo" es la *"descendencia"* de Abraham (Gálatas 3:16):

Ahora bien, las promesas fueron hechas a Abraham y a su descendencia. No dice: y a las descendencias, como refiriéndose a muchas, sino más bien a una: y a tu descendencia, es decir, Cristo. (Gálatas 3:16)

Durante la época de la iglesia cuando una persona usa fe en Cristo (cuando está depravado espiritualmente), ella es colocada *"en Cristo"* y es hecha *"nueva creatura"* (2 Corintios 5:17):

De modo que si alguno está en Cristo, nueva criatura es; las cosas viejas pasaron; he aquí, son hechas nuevas. (2 Corintios 5:17)

Después de estar *"en Cristo,"* ese individuo, independientemente de la nacionalidad, es descendiente espiritual de Abraham. (Gálatas 3:7 y 29). Después de todo, el libro de Gálatas fue escrito para los gentiles:

Por consiguiente, sabed que los que son de fe, éstos son hijos de Abraham. (Gálatas 3:7)

Y si sois de Cristo, entonces sois descendencia de Abraham, herederos según la promesa. (Gálatas 3:29)

Abraham es el padre de muchas naciones porque todos los creyentes de Hechos 2 (el comienzo de la época de la iglesia) hasta el rapto se hacen miembros del cuerpo de Cristo, que es la iglesia, por ser puesto en Cristo en el momento en que se arrepienten y creen cuando estaban depravados espiritualmente. Discutiremos la manera en que el creyente es puesto en Cristo después en el estudio.

¿Te das cuenta de que *"... Dios... da vida a los muertos y llama a las cosas que no existen, como si existieran"* (Romanos 4:17)? Según Romanos 4:18-21, Dios satisfació las necesidades de Abraham por responder en esa manera más que milagrosa. Sin duda, Dios creo el mundo por su palabra, *"de modo que lo que se ve no fue hecho de cosas visibles"* (Hebreos 11:3). Pero alguien preguntará, "¿Actúa Dios en la misma manera hoy en día?" Claro que sí, pues ¡muchos creyentes viven en la esfera de lo milagroso en este momento! Por someterse consistentemente a la vida de Cristo, no hay montaña sea demasiado alta para subir, ni valle que sea demasiado profundo para cruzar, ni problema que sea demasiado difícil de resolver para Dios. Se percibe Dios como el Dios encargado, el Dios capaz de hacer lo imposible independiente de las circunstancias. ¿Cómo cumple Dios esas hazañas? Las cumple con una simple palabra. Verdaderamente, nada es más estimulante que la vida en la fe.

Necesitamos recordar lo que se discute aquí, porque mucho de lo que experimentamos como creyentes se describe en la primera frase de Romanos 4:18. Abraham sabía creer en *"esperanza contra esperanza,"* y debemos saberlo, también. Creer en *"esperanza contra esperanza"* quiere decir esperar cuando no hay razón lógica para esperar. Cuando entendemos que Dios es capaz de traer a la existencia lo que necesitamos con Su palabra, podemos continuar esperando. Abraham continuaba esperando por la promesa de Dios. Como resultado, Dios hizo lo imposible, dándole a Abraham un hijo bajo circunstancias increíbles (Romanos 4:19-20). Dios permitirá lo imposible pasar en nuestras vidas también si solo descansamos en Sus promesas. Por eso, es esencial que sepamos lo que Él ha prometido. ¿Dónde se encuentran Sus promesas? ¡Se encuentran en Su carta al hombre! ¿Debo decir más?

La última frase de Romanos 4:20 es extremadamente poderosa. Dice que Abraham *"se fortaleció en fe, dando gloria a Dios."* La fe de Abraham se amplió como resultado de alabanza, que verifica que la alabanza alimenta la fe. No podemos leer los Salmos 145-150, Salmos de alabanza, sin testificar el valor de la adoración. La alabanza anima la fe de restaurar la percepción del creyente de Quien es Dios- el Soberano sin igual del universo. Cuando Dios está percibido en esa luz, Sus promesas son fácilmente integradas. No digo que la alabanza siempre es fácil, porque Hebreos 13:15 dice que debemos ofrecer *"continuamente mediante El, sacrificio de alabanza a Dios..."* Sin duda, la alabanza puede ser *"sacrificio."* Pero la alabanza siempre autoriza la fe a la gloria de Dios.

En Romanos 4:22, Pablo enfatiza de nuevo que Dios contó Abraham como justo por la fe de Abraham. (Recuerda que Abraham fue declarado justo en Génesis 15:6 <u>antes</u> de ser justo por medio de la muerte de Jesucristo.) Según Romanos 4:23-24, toda persona durante la época de la iglesia que usa fe en Cristo recibe la misma justicia. Por esp, ningún judío pudiera decir que hay algo más que la fe junto con el arrepentimiento que causan que Dios haga al hombre justo. Pablo ha demostrado la veracidad de sus palabras. (¿Te habías dado cuenta de la cantidad de repetición que usa Pablo? Todo buen maestro sabe la importancia de enfatizar su tema.)

El último versículo en este capítulo habla de la muerte y la resurrección de Cristo y el propósito de estas. Jesucristo *"...fue entregado por causa de nuestras transgresiones y resucitado para nuestra justificación"* (Romanos 4:25). El hecho que Jesucristo murió por nuestras *"transgresiones"* es innegable. Es maravilloso saber que todo lo necesario para *"nuestra justificación"* fue proveído por medio de la cruz. La *"justificación"* es el regalo de Dios para los que se arrepienten y creen cuando estaban depravados espiritualmente. Si esto no fuera así, Jesucristo se habría quedado en la tumba, Él fue *"resucitado para nuestra justificación."* Este versículo se hará más significativo cuando estudiamos Romanos 5-8.

Mientras continuamos a Romanos 5 y discutimos la justificación en detalle, prepárate para experimentar algunas de las Escrituras más emocionantes de toda la Biblia.

Romanos 5:1 Preguntas

Sobre La Justificación

Primer Día

1. Lee Romanos 5:1 y revisa las lecciones que se asocia con Romanos 4 (solo las lecciones y no las preguntas que se asocian con las semanas 5 y 6). ¿Por qué empieza Pablo Romanos 5:1 con las palabras *"Por tanto"*? Según versículo 1, ¿cómo es justificada una persona?

2. ¿Cómo se relaciona la verdad que aprendiste en Romanos 4 con el hecho de que Dios nos justificó basado en nuestra fe y arrepentimiento personales que usamos cuando estabamos depravados espiritualmente (Romanos 5:1)?

3. Dedica tiempo para pensar en la palabra *"justificado."* Intenta definirla.

Segundo Día

1. Lee Romanos 5:1. Durante el resto de esta semana, estudiarás los versículos que describen a la persona que Dios ha justificado. Mientras procedes, recuerda que Dios nos justifica al instante que aceptamos a Cristo como Salvador. Escribe lo que dice cada versículo sobre la persona a quien el Padre ha justificado: 2 Corintios 5:17; Gálatas 2:20; 2 Corintios 5:21; Romanos 8:1; Efesios 1:13, 1:4, 2:6. Medita en estos versículos, y pídele a Dios que abra los ojos de tu corazón para entender bien (Efesios 1:18).

Tercer Día

1. Lee y trata de memorizar Romanos 5:1. Estudia los siguientes versículos y continua escribiendo lo que resulta cuando somos justificados: Colosenses 3:1, 3, 13; Efesios 4:32; Colosenses 2:13, Romanos 8:30, 6:6; Colosenses 3:9-10; Efesios 4:22-24.

Cuarto Día

1. Lee Romanos 5:1. Continúa estudiando lo resultado de la justificación leyendo los siguientes versículos. Escribe lo que encuentras: Hebreos 9:28, 10:10; 10:14; Efesios 5:30; Colosenses 1:22, 2:10; 1 Corintios 1:30.

Quinto Día

1. Lee Romanos 5:1. Estudia los siguientes versículos y escribe que resulta cuando somos justificados: 1 Corintios 1:2, 1:8, 6:11; Efesios 2:29; Filipenses 3:20; Colosenses 2:12, 3:12.

Sexto Día

1 Lee Romanos 5:1. Dos versículos más, 1 Juan 5:20 y Judas 1, y terminamos. Estúdialos y escribe lo que aprendes sobre la persona que es justificada.

2. ¿Cómo te ha animado la lección de esta semana? ¿Tienes dificultades en aceptar el hecho de que todo lo que has estudiado durante los últimos cinco días pasó en el momento de la justificación? Si es así, ¿por qué?

Romanos 5:1 Lección

La justificación por medio de la fe

¿Estás listo para considerar una parte de la vida cristiana que es absolutamente fascinante? En esta sección, descubrremos que Jesucristo hizo más que removernos del infierno y destinarnos para el cielo. ¡Su obediencia, junto con la fe y arrepentimiento que Dios requiere de los depravados espiritualmente, es lo que causó que el Padre nos justificara! Nos hizo no culpables por salvarnos atravéz de Su Hijo. Lo hizo en un instante de tiempo, el instante en que nosotros, mientras perdidos y depravados espiritualmente, nos dimos cuenta de nuestra necesidad del Salvador, arrepintiendonos de nuestros pecados y pidiendole a Jesucristo entrar en nuestro corazón por medio de la fe. ¡Estas noticias son más que buenas! ¡Son vida!

Previamente, definimos la justificación así, "como si yo nunca pecara ni pecaré en el futuro." Dios, en un momento, nos hizo salir del ser condenado y nos hizo justos (rectos) ante Él. Lo hizo en base de nuestro arrepentimiento y fe personal que usamos cuando estabamos depravados espiritualmente. Pablo habla de esta transformación sorprendente en Romanos 5:1:

> *Por tanto, habiendo sido justificados por la fe, tenemos paz para con Dios por medio de nuestro Señor Jesucristo,* (Romanos 5:1)

Para empezar, piensa un punto significativo respecto a la frase, *"habiendo sido justificados por la fe."* Pablo, de ningún modo, enseña que *"la fe"* salva. *"La fe"* nunca ha salvado a nadie. Dios salva. El hombre cree. Así, *"la fe,"* usada por los depravados espiritualmente, no se puede clasificar como obra, que se verificó en las lecciones previas. Esta verdad se confirmará más mientras continuamos, así que prepárate. Vamos a estudiar con mucho detalle.

Nota que las primeras palabras en Romanos 5 son *"por tanto."* Pablo usa esta frase porque necesitó los primeros cuatro capítulos de esta epístola para probar que Dios da la justicia a los que se arrepienten y creen cuando estaban depravados espiritualmente. Consecuentemente, ¡somos *"justificados"* por Dios como resultado de creer <u>antes</u> de ser nacidos de nuevo! Sí, Dios salva, el hombre cree. Sin embargo, el hombre en su condición perdida (depravada) tiene que creer antes de que Dios salve. También estudiamos la semana pasada que la salvación que viene sólo por Dios, *"es por fe, para que esté de acuerdo con la gracia..."* (Romanos 4:16). Así, la justificación está disponible para hombre únicamente por resultado de la gracia de Dios.

Veo la justificación así:

Hace muchos años, en medio de mi depravación espíritual, entendí que necesité un Salvador (en otras palabras, me arrepentí) y creí con mi propia fe. Lo hice mirando al cielo y dije, "Dios, ayúdame, necesito un Salvador." Entonces, Dios hizo lo demás. Mucho más ocurrió de lo que se podía ver inicialmente, permíteme explicarlo con la siguiente ilustración:

Cuando entregué mi vida a Cristo (cuando me arrepentí y creí con mi propia fe cuando estaba depravado espíritualmente) Dios, sentado en el cielo detrás de Su gran escritorio de oro, llevó su gran mazo de oro (no se menciona ni escritorio ni mazo en la escritura- digo que es una ilustración), se levantó detrás del escritorio, se levantó en puntillas, y con toda la fuerza que podía usar con el poder de Su brazo derecho, golpeó el gran escritorio brillante. Como resultado de esta acción, todo el cielo se sacudió, incluso los ángeles se dieron cuenta, y todos los ojos del cielo miró el Creador. Mientras se preparó para hablar, podrían ver el amor y compasión que caracterizaban su estatura. Mientras miraban más intensamente, pudieron ver lágrimas de alegría cayéndose por las mejillas de las cuales la gloria de Su Majestad se manifestaba. Entonces, cuando todo en los cielos estaba arreglado, el Creador me señaló. Aquí termina nuestra ilustración y la realidad de la escritura empieza, aunque algo de lo que dije arriba tal vez haya pasado:

> Con gran fuerza y autoridad, y además con gran alegría, mi Dios dijo esto sobre mí: "¡Eres santo, perfecto, redimido, completo, inocente, aceptado, glorificado, hermano de Cristo, sin condenación, hijo, perdonado, y te llevo como mi propio hijo!"

¡Guau! ¿Puedes creer que el Padre hizo todo eso en un instante del tiempo? Esta transformación entera ocurrió en el momento de la justificación, después de arrepentirnos y creer cuando estabamos depravados espiritualmente. ¡Dios lo hizo por su gracia!

Vamos a ver algunos versículos del Nuevo Testamento que confirman lo que ha sido dicho sobre la justificación. El versículo está a la izquierda. Lo que dice Dios sobre nosotros en cada versículo está a la derecha. Ten en cuenta que todo lo que se habla aquí pasó en un instante, en el momento de la justificación. Cambia la página y disfruta la grandeza de lo que encuentras.

Lo que pasó en el momento de la justificación:

Una descripción del creyente neotestamental: El nuevo hombre (nueva naturaleza)

2 Corintios 5:17..........Nueva criatura

Gálatas 2:20..............Crucificado con Cristo- ¡Cristo vive en mí!

2 Corintios 5:21..........La justicia de Dios

Romanos 8:1..............No condenado

Efesios 1:13...............Sellado en Él (seguro)

Efesios 1:4................Santo(s) y sin mancha delante de Él

Efesios 2:6................Sentado en los lugares celestiales

Colosenses 3:1............Resucitado con Cristo

Colosenses 3:3............He muerto ¡Nuestra vida está escondida con Cristo en Dios!

Colosenses 3:13..........Perdonado

Efesios 4:32...............Perdonado

Colosenses 2:13..........Perdonado

Romanos 8:30.............Justificado, glorificado

Romanos 6:6..............Viejo hombre (la naturaleza de Adán) fue crucificado

Colosenses 3:9,10........He desechado al viejo hombre, me he vestido del nuevo hombre

Efesios 4:22-24...........He despojé del viejo hombre, me vestí del nuevo hombre

Hebreos 10:10............Santificado

Hebreos 10:14............Perfecto

Hebreos 9:28..............Perdonado

Efesios 5:30...............Miembro de Su cuerpo

Colosenses 1:22...........Santo, sin mancha e irreprensible

Colosenses 2:10...........Completo

1 Corintios 1:30............En Cristo, justificado, santificado, redimido

1 Corintios 1:2.............Me hizo santo

1 Corintios 1:8.............Confirmado hasta el fin

1 Corintios 6:11............Lavado, santificado, justificado

Efesios 2:19................Soy de la familia de Dios

Filipenses 3:20............Mi ciudadanía está en los cielos

Colosenses 3:12...........Santo y amado

Colosenses 2:12...........Sepultado con Él

1 Juan 5:20................En Cristo

Judas 1.....................Guardado para Jesucristo

Cada característica listada en los treinta y dos versículos previos pertenece al creyente neotestamental quien, cuando estaba depravado espiritualmente, se arrepintió y usó fe personal. ¿Puedes entender porque el evangelio se llama Las Buenas Noticias? Esta verdad no es verdad "posicional," como algunos han asumido incorrectamente. Es mucho más. ¡Es la realidad! "La Verdad Posicional," que se enseña en muchos grupos cristianos, es errónea. Esta incluye la idea que Dios de alguna forma nos <u>ve</u> en la manera que los versículos anteriores nos describen, pero en realidad somos pecadores sucios salvados por la gracia, quienes algún día (en el cielo) lograremos estas cosas. La Escritura presenta una idea completamente diferente, porque <u>ahora</u> somos (en el tiempo presente) todo lo que los treinta y dos versículos dicen sobre nosotros. Podemos "*descansar*" y más. La evidencia está en el tiempo en el que se usan los verbos en estos pasajes. Las acciones son acciones en tiempo pasado, acciones que ocurrieron cuando conocimos a Jesús. Por eso, somos <u>ahora</u> santos, perfectos, justificados, completos, etc. – no pecadores sucios salvados por la gracia. De hecho, somos santos quienes pecamos de vez en cuando. ¿Entiendes la diferencia entre estas dos perspectivas? Pídele a Dios que abra tus ojos espirituales para que te percibas como Él te ve.

La manera en que Dios nos ve indica que no se requiere mirarnos mediante Jesucristo para tolerar lo que ve. El Padre nos quiere por quienes somos- por el ser que ha hecho de nosotros. Cuando yo era un nuevo creyente suponía que Dios tenía que vernos por Su vista periférica a causa de la pequeñez que tenemos como hijos. Pero Él puede mirarnos directamente porque nos convirtió en santos al momento de la justificación, porque nos acepta y quiere que conozcamos Su corazón. Como resultado, Él es accesible, listo para escuchar todas nuestras preocupaciones, y listo para defendernos hasta el fin, por quienes somos, por quienes Él nos ha hecho después de que nos arrepentamos y usemos fe cuando estabamos depravados espiritualmente.

El escritor de Hebreos verifica, sin duda, que, "*Queda… un reposo sagrado para el pueblo de Dios*" (Hebreos 4:9). ¿Por qué pueden "*reposar*" los creyentes? Podemos "*reposar*" porque Dios, en un instante de tiempo, nos convirtió en los seres más justos y santos que se pueden imaginar. El trabajo es un trabajo completo. Estamos ante Él sin culpa. También, somos libertados para gozar, por toda la eternidad, lo que Cristo ha hecho por los redimidos.

Por ser sin culpa y libres, nuestra atención debe enfocarse en conocer, CONOCER de verdad, a Cristo y ceder a su presencia que vive en nosotros (Filipenses 3:10, Gálatas 2:20). Cuando lo hacemos, somos "*llenos*" del Espíritu Santo (Efesios 5:18), y los que están cerca no pueden evitar ver a Jesús. Así que "*reposamos*" mientras Dios vive su vida santa y omnipotente por medio de nosotros. ¡Qué bueno!

Con este fondo, podemos entender porque Pablo dijo que "*…en Cristo Jesús ni la circuncisión ni la incircunscisión significan nada, sino la fe que obra por amor*" (Gálatas 5:6). ¿Oíste esto? Amor, y no el deber, nos causa querer vivir por la fe, vivir una vida caracterizada por confianza en el Creador. Sí, lo que Dios hizo por nosotros en el momento de la justificación no sólo cambia completamente nuestra percepción de quienes somos, pero también cambia completamente nuestra percepción de quien es Él. Cuando este cambio ocurre, toda nuestra vida es estimulada, no por nuestra energía, pero por la Suya, mientras cedemos a su presencia que vive en nosotros. ¿Te interesa aprender más? Si es así, disfrutirás lo que falta.

Antes de salir de esta sección, necesitamos información adicional sobre el tema de "*fe*" (Romanos 5:1). Sin duda, fe y arrepentimiento son temas de mucho debate hoy. De hecho, han sido disputados por siglos. Como resultado, lo siguiente debe ser leído intensamente.

La perspectiva contextual de arrepentimiento y fe

Las Escrituras enseñan que Dios salva y el hombre se arrepiente y cree, porque Dios salva a los que se arrepienten y creen. Sin embargo, un debate existe sobre la fuente de este arrepentimiento y fe. De hecho, por lo menos dos escuelas de pensamiento existen dentro de cristianismo: (1) el arrepentimiento y la fe son dones dados por Dios a los que creerán posteriormente y serán salvos. (2) el arrepentimiento y la fe empiezan con los depravados espiritualmente (los no regenerados) y se usan antes de que Dios de la salvación.

La primera escuela (1) ve los depravados (los no regenerados espiritualmente) son como totalmente incapaces de arrepentirse y creer através de la fe personal. De hecho, ven los depravados espiritualmente como cadáveres espirituales- sin poder para responder a ningún estímulo espiritual. Por eso, ven la depravación del hombre como si fuera Depravación **T**otal- la "T" del TULIP. [Usamos el acróstico TULIP –tulipán en inglés- para expresar las cinco doctrinas del calvinismo. Nota de la traductora.]

El resto de las letras del acróstico (ULIP) siguen naturalmente, porque tienen su base en el fundamento de esta perspectiva extrema de la depravación espiritual. En esta situación, Dios tiene que, por medio de Elección Incondicional (la "U" del TULIP [Unconditional Election- Nota de la Traductora]), elegir (seleccionar) cada miembro de la familia desde la eternidad en el pasado por medio de un decreto eterno. ¿Por qué? Basado en esta perspectiva, los depravados espiritualmente son incapaces de arrepentirse y creer por su falta de vida espiritual. Por lo tanto, Dios tiene que hacer la decisión por ellos.

Lo que sigue naturalmente es Expiación **L**imitada (la "L" del TULIP)- una mentalidad que percibe que Jesús murió solamente por los elegidos. Cualquier gota de su sangre derramada por los no elegidos hubiera sido desperciciada según esta perspectiva.

La próxima letra del TULIP (la "I") debe lógicamente (no escrituralmente) seguir. Después de todo, si los depravados espiritualmente son incapaces para arrepentirse y creer através de fe personal, como se asume incorrectamente, Dios debe, por la Gracia **I**rresistible (la "I"), atraer a los elegidos a Si mismo cuando sea su tiempo para creer. Así, se asume incorrectamente la siguiente secuencia: (1) Dios tiene que regenerar espiritualmente los depravados espiritualmente antes de la salvación (2) Después Dios da a los regenerados espiritualmente los dones de arrepentimiento y fe (3) Los regenerados espiritualmente quienes recibieron los dones de arrepentimiento y fe entonces se arrepienten, creen y son salvos. Esta situación no es aceptable, porque ser regenerado espiritualmente es igual que ser salvo. Pues, según esta secuencia, el creyente recibe su salvación dos veces, una violación directa a las Escrituras.

Esta escuela requiere que los elegidos perseveren por el propósito de probar que han sido elegidos. Así la "P" del TULIP, **P**reservación de los Santos. No hay sorpresa que muchos creyentes en el TULIP no tienen seguridad de su salvación. Después de todo, ¿a que grado debe uno persevere para validar su salvación? No se puede obtener la respuesta porque este sistema de pensamiento no es biblico.

Porque el TULIP tiene su base en el fundamento de la "T," Depravación Total, tiene su base en tierra temblorosa. Muchas escrituras confirman que los depravados espiritualmente <u>pueden</u> darse cuenta de su estado perdido y, entonces, entender que necesitan un Salvador. Adán y Eva son buenos ejemplos, porque después de pecar y hacerse depravados espiritualmente, *"...conocieron que estaban desnudos..."* (Génesis 3:7). Así *"...cosieron hojas de higuera..."* para cubrirse por su pecado:

Entonces fueron abiertos los ojos de ambos, y conocieron que estaban desnudos;
y cosieron hojas de higuera y se hicieron delantales. (Génesis 3:7)

También Filipenses 2:11 dice:

Para que al nombre de Jesús se doble toda rodilla de los que están en el cielo, y
en la tierra, y debajo de la tierra, y toda lengua confiese que Jesucristo es Señor
para gloria de Dios Padre. (Filipenses 2:10-11)

Mucha gente que *"doble…" "…la rodilla"* en esta instancia y *"confiese que Jesucristo es Señor"* será depravada (no regenerada espiritualmente), porque *"toda rodilla"* de la humanidad se doblará, y no solo algunas. Los depravados espiritualmente responden así, obviamente, sin ser regenerados espiritualmente, negando completamente la "T" del TULIP, con las otras letras del acróstico (ULIP), completamente.

Sin duda, es absolutamente crítico que se perciban los temas de arrepentimiento y fe con una base biblica. Empezamos nuestra discusión leyendo Efesios 2:8-9:

Porque por gracia habéis sido salvados por medio de la fe, y esto no de vosotros,
sino que es don de Dios; no por obras, para que nadie se gloríe. (Efesios 2:8-9)

Pablo enfatiza que la salvación ciertamente es por la *"gracia"* de Dios (también lee Romanos 3:24 y Tito 3:7). Pablo afirma también que *"el justo por la fe vivirá"* (Romanos 1:17), una cita de Habacuc 2:4.

La palabra *"esto"* en la frase, *"y esto no de vosotros"* (Efesios 2:8), es una fuente de desacuerdo entre (1) los que perciben que la fe sea el don de Dios y (2) los que perciben que la fe se origina con los depravados espiritualmente (los no regenerados, los perdidos). Los del primer grupo piensan que *"esto"* indica *"fe."* El segundo grupo piensa que *"esto"* indica ser *"salvados."* ¿Cuál tiene la razón? Es necesario responder bien. Disfruta lo que sigue.

Si no estás familiar con la lengua griega, la frase siguiente parecerá escrita en chino, pero es información necesaria. La palabra *"esto"* (en Efesios 2:8) indica el ser salvado porque en griego, *"fe"* es un sujeto femenino, pero el pronombre demostrativo *"esto"* es neutro. Alford, F. F. Bruce, A. T. Robertson, W. E. Vine, Scofield y otras autoridades griegas están de acuerdo con Dave Hunt en su libro, *What love is this?*, página 452.[i] También, respecto a Efesios 2:8, en el margen de la Biblia New American Standard encontramos:

Es decir *"esta salvación"*

Efesios 2:9 junto con Efesios 2:8, confirman también que la *salvación,* no la *"fe"*, es el *"don."* Nota la manera en que se aplica Efesios 2:9:

"No por obras para que nadie se gloríe." (Efesios 2:9)

Pablo enseña que la salvación (*salvados* en Efesios 2:8) no es resultado de *"obras"* (Efesios 2:9). La salvación es un *"don"* (Efesios 2:8) recibidos por los que tienen *"fe"* (Efesios 2:8) cuando estaban depravados espiritualmente. Así, es imposible hacer suficientes obras para ganar una relación justa con Dios. Esta verdad es exactamente lo que enseña Pablo en otros lugares. Lee Romanos 3:27-28, por ejemplo, te darás cuenta de que *"justificado"* indica la salvación:

¿Dónde está, pues, la jactancia? Queda excluida. ¿Por cuál ley? ¿La de las obras? No, sino por la ley de la fe. Porque concluimos que el hombre es justificado por la fe aparte de las obras de la ley." (Romanos 3:27-28)

Pablo prueba otra vez que somos *"justificados"* (salvados) *"aparte de las obras de la ley"* (Romanos 3:28). Esta es la misma verdad que Pablo comunica en Efesios 2:8-9. Pablo confirma también que *"la jactancia"* está *"excluida"* en tal caso (Romanos 3:27). Así, tener *"fe"* cuando una persona está depravada no es obra. De hecho, Pablo contrasta *"la fe"* con *"obras"* en muchos lugares en las escrituras. Consecuentemente, creer con *"fe"* personal cuando uno está depravado no es hecho meritorio. Pablo enseña la misma idea en Romanos 4:5, contrastando trabajar (hacer obras) con creer:

"...mas al que no trabaja, pero cree en aquel que justifica el impío, su fe se le cuenta por justicia." (Romanos 4:5)

Romanos 9:30-32 confirma la misma verdad:

"¿Qué diremos entonces? Que los gentiles, que no iban tras la justicia, alcanzaron justicia, es decir, la justicia que es por fe, pero Israel, que iba tras una ley de justicia, no alcanzó esa ley. ¿Por qué? Porque no iban tras ella por fe, sino como por obras..." (Romanos 9:30-32)

Las escrituras tienen mucho más que decir sobre *"la fe."* Hemos determinado ya que la *"fe"* (Efesios 2:8-9) se origina en el corazón de los depravados espiritualmente (también lee Hechos 16:31, Hechos 26:18, y Romanos 10:8-10). No es regalo de Dios, porque *"fe"* viene de los perdidos (los depravados, los no regenerados espiritualmente) quienes quieren ser salvados. Yo usé fe en mi depravación cuando dije, "Dios, socorro, necesito Salvador." En esta frase, mostré no solo la fe, pero también el arrepentimiento (vamos a discutir el arrepentimiento pronto). Así, la fe no era un regalo de Dios antes de salvarme. Por otro lado, no debemos ignorar la manera en que Dios nos *"trae"* (Juan 6:44) y la manera en que el Espíritu Santo nos convence (Juan 16:8) que han estado siempre presentes en nuestra vida. Pero la fe que usamos antes de la salvación era nuestra fe, empezado en nuestra depravación espiritual.

Sin duda, la *"fe"* que se trata en Efesios 2:8-9 se puede clasificar como don de Dios. La salvación es Su don (Efesios 2:8-9), dada a los que se arrepienten y creen personalmente cuando estaban depravados espiritualmente. Algunos sugieren que Romanos 12:3 refuta esta verdad:

Porque en virtud de la gracia que me ha sido dada, digo a cada uno de vosotros que no piense más alto de sí que lo debe pensar, sino que piense con buen juicio, según la medida de fe que Dios ha distribuido a cada uno. (Romanos 12:3)

La *"fe"* de que se habla en Romanos 12:3 no puede ser la fe que Dios requiere antes de dar la salvación. Dios salva bajo una sola condición: Cuando los depravados espiritualmente se arrepienten y eligen creer (Hechos 16:31; Hechos 26:18; Romanos 10:9-19; etc.). Vamos a confirmar que la *"fe"* que Dios da (Romanos 12:3) es la fe necesaria para funcionar dentro del área del don espiritual de cada cristiano, un don recibido después de arrepentirse y creer cuando estaba depravado espiritualmente.

Según 1 Pedro 4:10, Romanos 12, 1 Corintios 12 y 14, Efesios 4, etcétera, cada cristiano recibe un don espiritual. Este don espiritual es recibido en el mismo instante en que somos colocados en Cristo por medio del Espíritu Santo (1 Corintios 12:13, Efesios 1:3) subsecuente a arrepentirse y creer através de fe mientras depravado. Sin duda, la *"fe"* que se trata en Romanos 12:3 es de gran importancia si vamos a funcionar bien dentro del área de nuestro don espiritual. Este don de *"fe"* no es la misma *"fe"* que se menciona en Efesios 2:8-9. En consideración a lo de antes, podemos concluir lo siguiente.

Al arrepentirse y creer através de fe cuando estabamos depravados espiritualmente, fuimos bautizados en el cuerpo de Cristo por el Espíritu Santo (1 Corinitos 12:13) y fuimos *"salvos"* (Hechos 16:31). En otras palabras, nacimos de nuevo (Juan 3:3-6), Dios nos hizo nueva creación (2 Corintios 5:17), y fuimos hechos parte del *"cuerpo"* de Cristo (Efesios 5:30). Junto con ser salvos, después de arrepentirse y creer através de fe cuando estabamos depravados espiritualmente, recibimos la *"medida de la fe"* que se menciona en Romanos 12:3, la *"fe"* dada a cada miembro del cuerpo de Cristo, la iglesia, para que cada don espiritual funcione tan eficientemente y poderosamente como sea posible. Esta *"fe"* es el don de Dios (Romanos 12:3), en contraste a la *"fe"* de Efesios 2:8-9, que se expresa por los depravados espiritualmente antes de la regeneración espiritual.

El *Wycliffe Bible Commentary* dice lo siguiente según Romanos 12:3:

> Pablo aquí no habla de "la fe que salva" ... "La fe que salva" no sería estándar para juzgarse correctamente. Sólo el orgulloso dice: "Mira la cantidad de fe que salva que tengo." Pero es una experiencia humilde decir: "Aquí está la fe que tengo para cumplir esta o esa cosa por Dios." Este solo puede conducir a la oración, "¡Señor, auméntanos la fe!" (mira Lucas 17:5). En el reporte de los héroes de la fe en Hebreos 11, vemos que la cantidad de la fe dada corresponde a la medida de tarea a cumplir.[ii]

Sin duda, la *"fe"* de Efesios 2:8-9, usada por los depravados espiritualmente junto con darse cuenta de su necesidad de un Salvador, no se debe confundir con el don de Dios de la *"fe"* (Romanos 12:3), concedido a los que han elegido creer antes. Sí, Dios les da la fe a los creyentes (Romanos 12:3), pero es la fe que se necesita para funcionar dentro del área de su regalo espiritual- no la fe que se necesita antes del trabajo de Dios de regeneración espiritual. ¿Por qué podemos concluir esto? Pablo trata los regalos espirituales en Romanos 12. Así, *"la medida de fe"* en Romanos 12:3, dado a los creyentes después de estar en Cristo, no se puede igualar con la *"fe"* de Efesios 2:8-9, la *"fe"* usada por los depravados espiritualmente antes de la salvación. Los que fallan hacer esa distinción se enredan en muchas contradicciones teológicas. Después de todo, ¿Porqué les pide Dios a los perdidos (depravados espiritualmente) tener fe, y no todos ellos serán salvados, si Él fuera fuente de tal fe, decidiendo desde la eternidad en el pasado quienes sí o no la recibirán? Tal escenario causa que Jesús aparezca como tonto en pasajes como Mateo 23:27:

> *"Jerusalén, Jerusalén, la que mata a los profetas y apedrea a los que son enviados a ella! ¡Cuántas veces quise juntar a tus hijos, como la gallina junta sus pollitos debajo de sus alas, y no quisiste!"* (Mateo 23:37)

Nota que los judíos no creyentes rechazaron la oferta de Jesús de la salvación porque no quisieron aceptarla. Por eso, su falta de creencia no vino de Dios una falla de no proveer arrepentimiento y fe, como algunos asumieron incorrectamente. (Se discute Mateo 23:27 en más detalle en la serie *God's Heart*, distribuido por este ministerio.)

Sin duda, el propósito de Dios, su deseo y voluntad para el hombre pueden ser rechazados:

Pero los fariseos y los intérpretes de la ley rechazaron los propósitos de Dios para con ellos, al no ser bautizados por Juan. (Lucas 7:30)

el cual quiere que todos los hombres sean salvos y vengan al pleno conocimiento de la verdad. (1 Timoteo 2:4)

El Señor no se tarda en cumplir su promesa según algunos entienden la tardanza, sino que es paciente para con vosotros, no queriendo que nadie perezca, sino que todos vengan al arrepentimiento. (2 Pedro 3:9)

Antes de continuar, debemos responder correctamente a la pregunta siguiente: "¿El arrepentimiento necesario para ser salvado es un don de Dios, o comienza con el hombre?" Nota Hechos 5:31:

A éste Dios exaltó a su diestra como Príncipe y Salvador, para dar arrepentimiento a Israel, y perdón de pecados. (Hechos 5:31)

¿Tiene Dios que darnos fe y arrepentimiento <u>antes</u> de que podamos creer? Algunos responderán con un fuerte, "¡Sí!" ¿Está de acuerdo esta idea con el concepto completo de la Palabra de Dios? Después de todo, *"Pedro y los apóstoles"* (Hechos 5:29) dijeron que a Israel ambos *"arrepentimiento"* y *"perdón"* han sido dados (Hechos 5:31). ["El concepto completo de la Palabra de Dios" quiere describir la información contenida en los 66 libros de la Biblia, considerados juntos. No se permite mirar un versículo fuera de su contexto. *Nota de traductora.]

Para interpretarlo correctamente, debemos entender primero que la palabra "Israel" en este contexto indica todos los descendientes judíos, no sólo los creyentes judíos. Considera también que los apóstoles hablaron a los líderes de los judíos, la mayoría de quienes rechazaron que Jesús fuera el Mesías. Si los apóstoles hablaron solo a los creyentes judíos, y no la nación judía entera, lo habría dicho en el texto. Por lo tanto, si "Israel" en este contexto significa algo diferente que toda la nación judía, hubiera sido engañoso a su audiencia judía no creyente. Consecuentemente, los que creen que la palabra "Israel" indica solo creyentes no tienen la razón.

Aquí nuestros estudios se hacen muy interesantes. Primero, nota que el *"arrepentimiento"* (Hechos 5:31) es <u>dado</u> en el mismo sentido en que el *"perdón"* es <u>dado</u>. Segundo, si el arrepentimiento es el <u>don</u> de Dios, entonces a la nación judía entera le ha sido dado el *"arrepentimiento"* y el *"perdón."* En este caso, todo judío sería salvo, pero las escrituras niegan esto. Entonces, ¿cómo se puede ver Hechos 5:31? Dios <u>da</u> *"arrepentimiento"* y *"fe"* a Israel en el sentido que ofrece a todo descendiente judío la <u>oportunidad</u> de arrepentirse y la <u>oportunidad</u> de recibir perdón. Los judíos tienen la opción, en su depravación, de arrepentirse y creer. La misma oportunidad está disponible a ambos judíos y gentiles según pasajes como Hechos 11:18 y 2 Timoteo 2:25:

"Así que también a los gentiles ha concedido Dios el arrepentimiento que conduce a la vida." (Hechos 11:18)

"...corrigiendo tiernamente a los que se oponen, por si acaso Dios les da el arrepentimiento que conduce al pleno conocimiento de la verdad," (2 Timoteo 2:25)

Conclusión: Dios les da a todos los judíos y gentiles el derecho de arrepentirse y creer através de fe personal cuando estaban depravados espiritualmente. Esto refuta la enseñanza falsa que Él tiene que dar los dones de arrepentimiento y fe a los regenerados espiritualmente antes de que puedan arrepentirse y creer. Más información sobre la fe y el arrepentimiento está disponible en la serie que se llama, *"God's Heart,"* distribuida por este ministerio. Si quieres más información, envíanos un email: preguntas@lifeonthehill.org.

La semana que viene, vamos a observar el valor del sufrimiento. Prepárate a ser desafiado.

Romanos 5:1-5 Preguntas

Primer Día

1. Lee Romanos 5:1-5. ¿Qué resultado tiene la justificación (v.1)? ¿Cómo ha cambiado tu vida el saber que tienes *"paz para con Dios"*? (Asumo que eres creyente.)

2. ¿Aunque tienes *"paz para con Dios,"* siempre tendrás la paz de Dios? Explica. ¿Qué tiene esto que ver con Gálatas 5:22-23, 25? ¿Qué más te impide andar en el Espíritu en cada momento?

3. ¿Te diste cuenta de que ganaste *"paz para con Dios"* por medio de una Persona? ¿Quién es esta persona? ¿Cómo y porqué puede proveer esta *"paz"*? Por favor, no veas esta pregunta como si fuera insignificante. Es uno de los temas teológicos más profundos que cruza la mente del hombre.

Segundo Día

1. Lee Romanos 5:1-5. Según Romanos 5:2, has obtenido entrada a algo como resultado de la *"fe"* que usaste mientras estabas depravado espíritualmente. ¿A qué has obtenido entrada y cómo la recibiste? ¿Enseña Romanos 5:2 que recibiste toda la *"gracia"* que necesitarás durante toda tu vida cuando fuiste justificado? Explica.

2. Según este mismo versículo, ¿que permite que el creyente este *"firme"* mientras tropieza con la aventura de la fe? ¿Qué tiene esto que ver con 2 Corintios 12:9-10, 1 Corintios 15:10, 2 Timoteo 2:1, y Hebreos 4:16?

Tercer Día

1. Lee Romanos 5:1-5. Si *"nos gloriamos"* (Romanos 5:2) quiere decir "nos alegramos," ¿qué te comunica la frase *"nos gloriamos en la esperanza de la gloria de Dios"*? ¿Cómo relacionas esto con 2 Corintios 4:16-17? Si tienes dificultad en responder a las preguntas de esta semana, recuerda que la lección debe ayudarte.

2. ¿Oraste por sabiduría antes de empezar con las preguntas de hoy? Lee 2 Corintios 4:16-17 y explica ¿cómo vio Pablo la *"aflicción"*? ¿Qué se comunica en 2 Corintios 4:18 que explica la firmeza de Pablo en medio de mucha adversidad? ¿Ves la vida desde esta perspectiva? Si no, ¿por qué no?

Cuarto Día

1. Lee Romanos 5:1-5. Mientras entendemos lo que piensa Pablo sobre la aflicción, ¿qué significa la frase, *"nos gloriamos en las tribulaciones"* (Romanos 5:3)?

2. La *"tribulación"* (aflicción) causa que ciertos rasgos de carácter se desarollen en un creyente. (Romanos 5:3) ¿Cuál rasgo de carácter es y cómo lo defines? ¿Posees este rasgo de carácter?

3. Cuando sufres *"tribulaciónes"* (problemas), ¿confías en que Dios proveerá la victoria, o intentas eliminar los problemas con tu propia fuerza? ¿Qué te pasa cuando eliges la última opción como manera de escaparte temporalmente?

Quinto Día

1. Lee Romanos 5:1-5. Ahora lee Romanos 5:4 por segunda vez. Después de que la *"tribulación"* haya producido *"la paciencia,"* ¿qué produce la paciencia? Cuando oyes las palabras *"carácter probado,"* ¿cuáles pensamientos tienes?

2. ¿Conoces a alguien que posea *"carácter probado"*? ¿Qué vivencia tenía esta persona que permitía que vieras su "carácter probado"? ¿Cómo describirás el carácter de Dios? ¿Ésta descripción se base en la verdad Bíblica? Si es así, ¿cuáles son las escrituras?

Sexto Día

1. Lee Romanos 5:1-5. Después de *"carácter probado"* viene *"esperanza."* En tus propias palabras, define *"esperanza."* ¿Qué quiere decir Pablo cuando dice que *"la esperanza no desilusiona"*? ¿Qué tiene que ver esto con Romanos 4:18, Hebreos 6:18-19, y Romanos 9:33?

2. ¿Por cuál medio recibiste *"el amor de Dios"* en tu corazón (Romanos 5:5) después de arrepentirte y creer através de la fe cuando estabas depravado espiritualmente? ¿Qué diferencia hay entre lo que se dice aquí sobre el Espíritu de Dios y lo que se dice en Efesios 5:18 y Gálatas 5:22?

Romanos 5:1-5 Lección

Paz con Dios

En vista del estudio de la semana pasada sobre la justificación, podemos entender porque Pablo usó la frase *"paz para con Dios"* (Romanos 5:1). Dios no solo quitó todo el pecado, pero también crea una relación pacífica entre Si y todos aquellos que Él justifica. Dios no está enojado con nosotros. ¡Está en paz con nosotros! En otras palabras, Su idea de divertirse <u>no</u> es atacarnos para ver cuánto daño pueda causar. La paz ha sido restaurada. Somos Sus hijos. Sí, nos disciplinará cuando pecamos. Pero, cuando lo hace, lo hace con amor (lee Hebreos 12:4-11). Por eso, cuando nos arrepentimos como creyentes, no restauramos la relación, sino la comunión con el Padre. La relación que se estableció por medio de la justificación es una relación eterna, incapaz de ser rota por el pecado.

Poseer *"paz para con Dios"* (Romanos 5:1) es muy diferente que poseer la paz de Dios. *"Paz para con Dios"* se estableció por toda la eternidad cuando Él nos justificó después de que creyeramos através de *"la fe"* cuando estabamos depravados espiritualmente. La *"paz"* de Dios, por otra parte, es el *"fruto del Espíritu"* (Gálatas 5:22) y debe ser recibido cada momento. Isaías tenía razón cuando escribió, *"Al de firme propósito guardarás en perfecta paz, porque en ti confía."* (Isaías 26:3). La *"paz"* de Dios está siempre presente con aquellos que invierten más tiempo en ser amigos de Dios que amigos de otros.

Date cuenta de que *"paz para con Dios"* es posible *"por medio de"* una persona, *"nuestro Señor Jesucristo"* (Romanos 5:1). Sí, Jesús da a cada individuo el privilegio de vivir en *"paz"* con Dios. Sin embargo, para que esta *"paz"* se haga realidad, los depravados espiritualmente deben arrepentirse y creer.

Gracia amplia para pruebas

Necesitamos saber tanto como sea posible sobre la *"gracia"* porque por medio de Jesucristo *"...también hemos obtenido entrada por la fe a esta gracia en la cual estamos firmes..."* (v.2). Esta *"entrada... a... gracia"* resulta en la justificación y todo lo que este acto maravilloso incluye. No pienses, ni por un momento, que esta medida de gracia inicial nos sostendrá. Necesitamos gracia nueva diariamente mientras confiamos que Cristo nos guardará para las pruebas de la vida.

La magnífica noticia es que la gracia está disponible para toda situación que nos enfrentemos. Sin embargo, los creyentes tienen la opción de aceptar o rechazar esta gracia. Los que la rechazan experimentan derrota, mientras los que la aceptan "se remontarán... como las águilas" (Isaías 40:31). Sí, es la gracia de Dios que causa que Dios justifique (salve) a los depravados espiritualmente que se arrepienten y creen, pero también es Su gracia que da poder al creyente para servir. Pablo entendió bien esta verdad según 2 Corintios 12:9-10, 2 Corintios 4:7-12, 1 Corintios 15:10, y 2 Timoteo 2:1.

En Romanos 5:2, Pablo escribe: *"nos gloriamos en la esperanza de la gloria de Dios."* ¿Qué significa? La respuesta es simple, especialmente porque la palabra *"gloriamos"* significa *"alegramos."* Pablo dice que se alegró en cada prueba, porque la prueba indicó que la *"gloria"* vendrá. Lo dice bien en 2 Corintios 4:17:

> *Pues esta aflicción leve y pasajera nos produce un eterno peso de gloria*
> *que sobrepasa toda comparación, (2 Corintios 4:17)*

Sin duda, podemos poseer esperanza en medio de nuestra *"aflicción"* porque la *"aflicción"* produce *"un eterno peso de gloria"* que será nuestro por toda la eternidad. ¡Guau!

Pablo se glorificó (alegró) *"en la esperanza de la gloria de Dios"* (Romanos 5:2). También se glorificó (alegró) *"en las tribulaciones"* (Romanos 5:3). En otras palabras, Pablo vio todo sufrimiento como su aliado; el dolor se convirtió en su amigo. ¿De qué otra forma pudiera haber sobrevivido las dificultades descritas en 2 Corintios 11 y 12? Consideró que Dios es soberano y que *"todas las cosas cooperan para bien"* (Romanos 8:28). Así es como lo logró. ¡Así es como terminó la carrera!

La mayoría de nosotros no poseemos la madurez para ver la vida desde la perspectiva de Pablo, porque todavía no aprendimos a *"poner nuestra vista en las cosas... que no se ven..."* (2 Corintios 4:18). Cuando no lo hacemos, normalmente sacamos conclusiones de lo que se puede ver. De hecho, la mayoría de nosotros tratamos de rectificar circunstancias negativas usando nuestra propia fortaleza. Sin embargo, el Señor permite que las mismas circunstancias negativas surjan hasta que aprendamos a confiar en Dios en medio de nuestras pruebas. Es entonces que aprobamos la clase, sea en el área de las finanzas, un hábito pecaminoso, soledad, una relación difícil, o lo que sea. Por el gran entendimiento de las habilidades de Dios, aprendemos a descansar en Su provisión, soberanía, y gracia, la cual es consecuencia de la perseverancia que se puede explicar sólo en términos de Cristo.

Entonces, ¿qué es la perseverancia? Perseverancia es la habilidad de permanecer animado cuando la circunstancia parece completamente sin esperanza. Es la habilidad de confiar en nuestro Padre celestial cuando la mayoría de las personas fallan. Sí, perseveramos mientras aceptamos Su gracia para cada reto de la vida. Así es la perseverancia, y esto es porque es tan necesario poseerla.

Si nos mantenemos firmes en *"la tribulación,"* permitiendo que Dios produzca *"paciencia,"* dará como resultado *"carácter probado."* Es maravilloso pasar tiempo con las personas cuyo carácter ha sido probado, ¿no? Creo que todos quieren conocer por lo menos una persona de ese tipo, y Dios busca esa persona, también (2 Crónicas 16:9). Mientras pienso en los que poseen *"carácter probado,"* sé que ninguno lo logró sin prueba. Todos sufrimos de una manera u otra, pero ciertamente no es divertido. Cuando permitimos que las pruebas nos choquen y no sofoquen, parecen insoportables. Sin embargo, no importa la dificultad, el saber que Dios usa las pruebas para nuestro bien nos anima a ceder a Su gracia para seguir. Y sí, Dios nos ayuda a seguir.

Debemos pausar un momento para considerar el carácter de Dios, porque si fallamos en entender Quien es, tal vez impediremos la obra que Él quiere hacer en nosotros y por nosotros. De hecho, cuando la adversidad viene a nosotros, intentamos arreglar el problema sin Dios, o peor, pensamos que Dios causó todo. El dicho: "Cuando no entendemos Su mano, podemos confiar en Su corazón" es verdad. Ver nuestras pruebas por Su carácter es esencial para vivir abundantemente. Por eso, cuanto más Lo conocemos, más confiamos en Él durante la batalla.

Después del *"carácter probado"* viene *"la esperanza"* (v.4). La esperanza es la habilidad de mirar el futuro con actitud positiva independientemente de las circunstancias. Los que poseen esperanza en Cristo nunca se desilusionarán. La base de su esperanza (Jesús) se asegurará de esto.

"La esperanza no desilusiona, porque el amor de Dios ha sido derramado en nuestros corazones por medio del Espíritu Santo que nos fue dado" (v. 5). *"El Espíritu Santo... nos fue dado"* en el momento de la justificación, después de que nos arrepentimos y creemos cuando estabamos depravados espiritualmente. Es dado una vez, y no se necesita recibirlo de nuevo. Por eso, tenemos acceso a este *"amor"* en cualquier momento.

Ser *"llenos del Espíritu"* (Efesios 5:18, Gálatas 5:22) es diferente, porque se repite una y otra vez en nuestra experiencia, y ocurre únicamente durante los momentos en que andamos en comunión con Dios. Cuando somos *"llenos del Espíritu,"* el amor de Dios- junto con su paz, gozo, paciencia etcétera, se manifiestan a las personas cercanas a nosotros, sin importa lo que nos pase.

Dios siempre usa la tribulación para nuestro bien. Sin embargo, es por medio de conocer Su corazón que entendemos el valor de esta verdad. Romanos 5:6-11 suministrará visión adicional sobre Quien es Dios y lo que ha hecho por el hombre.

Romanos 5:6-11 Preguntas

Primer Día

1. Lee Romanos 5:1-11. Romanos 5:6 dice que en algún momento *"éramos débiles."* ¿*"Débiles"* para hacer qué? ¿Cuándo y porqué éramos *"débiles"*?

2. ¿Por qué tiene el hombre que verse *"débil"* antes de que pueda experimentar la salvación provista solo por Dios? ¿Cómo se relaciona esto con Efesios 2:8-9, Tito 3:5, Romanos 3:20 y pasajes similares?

3. Versículo 6 también dice que *"Cristo murió por los impíos."* ¿Tienen los perdidos (los depravados espiritualmente) que saber que son *"impíos"* para que Dios les salve? Si es así, ¿por qué? ¿Qué tiene que ver esto con lo que aprendimos previamente sobre el arrepentimiento?

Segundo Día

1. Lee Romanos 5:1-11. Se responde a la pregunta de hoy en la lección de la semana, pero no la busques hasta que hayas intentado responder. Según Romanos 5:6, Jesús murió *"a su tiempo."* ¿A qué se refiere Pablo? Para ayudarte, lee: 1 Corintios 5:7; Mateo 26:17-18; 27:35; 27:50.

Tercer Día

1. Lee Romanos 5:1-11. Ahora lee Romanos 5:7 por segunda vez. ¿Hay alguien por quién morirías? Escribe algunos pensamientos que tenías mientras consideraste la pregunta.

2. Vemos en Romanos 5:8 que *"...Dios demuestra su amor para con nosotros..."* ¿Dónde demostró más intensamente *"su amor"*? Al considerar tu respuesta, ¿de qué manera podemos demostrar mejor el amor de Dios?

3. ¿Cómo se relaciona la pregunta 2 con Mateo 10:39, Juan 15:12-13, y 2 Corintios 4:11-12?

4. ¿Cuándo sacrificaste lo que era legítimamente tuyo por otro? ¿Qué aprendiste de esta experiencia? ¿Cómo fuiste bendecido?

Cuarto Día

1. Lee Romanos 5:1-11. ¿Sabes que Dios nos amó antes de que lo amaramos (v.8)? Si Jesús *"vive en"* nosotros (Gálatas 2:20) y somos *"partícipes de la naturaleza divina"* (2 Pedro 1:4), ¿porqué batallamos en amar con Su mismo tipo de amor?

2. Encuentra por lo menos cinco versículos que enfaticen la importancia de amar a Dios y su gente.

Quinto Día

1. Lee Romanos 5:1-11. Nota la frase, *"...habiendo sido ahora justificados por su sangre..."* en versículo 9. ¿Cómo es que podríamos haber *"...sido justificados por su sangre* [la de Jesús]"? Necesitarás revisar los apuntes asociados con Romanos 5:1, un versículo que trata el término *"justificado."*

2. ¿Qué quiere decir Pablo cuando escribe: *"seremos salvos de la ira de Dios por medio de Él"*?

3. La *"ira"* de Dios estará derramada sobre el hombre en algún momento en el futuro. ¿Quién experimentará su *"ira"* y por qué? ¿Cómo se relaciona esto a Apocalipsis 20:11-15? Nota: Lo que estudiaste anteriormente en el estudio te ayudará en responder.

Sexto Día

1. Lee Romanos 5:1-11. Lee Romanos 5:10 otra vez. ¿Qué significa ser *"reconciliados con Dios"*? ¿Por cuál medio podemos ser *"reconciliados"* con Él?

2. Versículo 10 también dice que *"habiendo sido reconciliados, seremos salvos por su vida."* ¿Qué significa ser *"salvos por su vida* [la de Jesús]*"*? (Es muy importante entender esta frase.) De lo que estudiamos en versículo 3, ¿qué significa *"gloriamos en Dios"* (Romanos 5:11)?

Romanos 5:6-11 Lección

Somos débiles para salvarnos

¿Estás listo para continuar aprendiendo de la Palabra? En Romanos 5:6, vemos que el hombre es *"débil"* para salvarse. No importa con cuanta fuerza trabaje, el hombre nunca puede hacer tantas buenas obras para merecer el favor de Dios. Pasajes como Efesios 2:8-9, Tito 3:5, y Romanos 3:20 confirman éste hecho. Sin embargo, mucha gente intentar ganar salvación por medio de su propio esfuerzo. El hombre puede darse cuenta de que es impío cuando está depravado espiritualmente. Si se arrepiente (se aleja del pecado) y cree, Dios lo salvará completamente.

¿Te has preguntado el por qué tan poca gente elige arrepentirse y venir a Cristo? Juan lo explica mejor en Juan 3:19-21, cuando dice que *"...los hombres amaron más las tinieblas que la luz..."* y la evidencia es que *"...sus acciones eran malas."* Entonces dice que *"...todo el que hace lo malo odia la luz, y no viene a la luz para que sus acciones no sean expuestas."* En otras palabras, el hombre quien se regozija en el pecado no vendrá al Señor, pues el Señor expondrá su error. Si el hombre rechaza verse como pecador (impío) y, por eso, falla en arrepentirse cuando está depravado espiritualmente, simplemente no puede hacerse hijo de Dios. Pablo habló mucho en probar esta verdad en Romanos 1-3.

Lee Romanos 5:6 otra vez, y presta atención especial a la frase, *"a su tiempo Cristo murió por los impíos."* ¡Qué afirmación poderosa hace Pablo! ¿Podría ser que Dios fijó un momento específico, hasta el día y la hora, en que Jesús muriera, y a la misma vez darle al hombre el libre albedrío para elegir? La respuesta es "sí." Jesús fue crucificado a las 9 de la mañana en la Pascua Judía, en el momento exacto en que se ofreció el chivo expiatorio en el templo. Así, murió *"a su tiempo,"* de hecho, el único momento en que cumpliría el propósito del Padre. Nota: el comentario *The Gospels from a Jewish Perspective* [en inglés], distribuido por este ministerio, trata este tema en más detalle. Si quieres saber más, avísanos.

Piensa un momento en los versículos 7-8. Mientras considero estos versículos, tengo que preguntarme si estaría dispuesto a morir por mis hermanos en Cristo. Hasta que estemos en una situación que requiere esta decisión, dudo si alguno de nosotros pudiera saber cómo responder. Cristo no sólo murió por nosotros, pero lo hizo por nosotros *"siendo aún pecadores"* (Romanos 5:8). ¡Que amor! Demostró su amor por medio de la cruz al morir *"por los impíos"* (Romanos 5:6), una acción permitida por Su Padre. Podemos demostrar el mismo tipo de amor mientras andamos en el Espíritu de Dios y perdemos nuestras vidas por otros (Mateo 10:39; Juan 15:12-13; 2 Corintios 4:11-12).

Salvos de la ira de Dios por medio de la muerte de Cristo

Pablo continúa diciendo que porque hemos *"...sido ahora justificados por su sangre, seremos salvos de la ira de Dios por medio de Él"* (v. 9). La *"sangre"* de Jesús, después de aplicarse a nuestras vidas, permite que el Padre nos justifique (convertirnos a seres no culpables ante Él), porque el derramamiento de sangre es símbolo que una muerte ha ocurrido, *"porque la vida de la carne está en la sangre"* (Levítico 17:11). En este momento, todo lo que hemos estudiado sobre la justificación nos aplica. Como resultado de haber sido hechos justos, santos, sin culpa, completos, etcétera, escaparemos de la *"ira"* de Dios. No estaremos ante el *"gran trono blanco"* de juicio de Apocalipsis 20:11-15. Sólo no creyentes experimentarán esa experiencia horrible.

Muchas veces Pablo se repite, porque comprende la necesidad de un entendimiento profundo y permanente de la cruz. Al fin y al cabo, *"...la cruz es necedad para los que se pierden, pero para nosotros los salvos es poder de Dios"* (1 Corintios 1:18).

Salvos diariamente del poder del pecado por la vida de Cristo

No conozco ningún versículo que comunique mejor la esencia de la experiencia cristiana que Romanos 5:10. Primero dice que los creyentes han sido *"reconciliados con Dios por la muerte de"* Cristo. *"Reconciliado"* quiere decir *"restaurado al favor."* Sin duda, Dios nos sonrió al momento de la justificación, y por primera vez, pudimos llamarlo *"Padre"* (Gálatas 4:6). Finalmente, estábamos en paz con el Creador. ¿Pero, es esta reconciliación todo lo que recibimos? ¿Nos restauró a un lugar de favor para que podamos tropezarnos hasta que nos llame a casa? Con base en el resto del versículo, creo que no.

La mayoría de los creyentes entienden por lo menos algo sobre la primera parte de Romanos 5:10, pero pocos comprenden la maravilla del resto del versículo. De hecho, la frase, *"seremos salvos por su vida,"* tiene la llave para vivir una vida abundante. Considera la buena noticia a continuación.

Entendemos bien ahora que en el momento de la salvación (justificación) nosotros, siendo creyentes, éramos liberados del castigo del pecado. Pero la salvación incluye más que perdón del pecado. Incluye, entre otras cosas, ser salvo día tras día, momento tras momento de las tentaciones que tenemos como creyentes. ¿Cómo se logra esta salvación (liberación)? Se logra por la vida de Jesús que se instaló a nuestro espíritu en el momento que nos arrepentimos y creemos cuando estabamos depravados espiritualmente (Gálatas 2:2; Colosenses 3:4). Léelo: *"... seremos salvos por su vida"* (Romanos 5:10). Esa salvación continua, momento tras momento. No es la salvación para escapar del infierno y entrar en el cielo. La primera parte del versículo trató ese tema, la salvación del castigo del pecado. Pablo dice que la vida de Cristo, que vive en nosotros, es la única manera en que podemos experimentar salvación de los planes malignos de Satanás. Por lo tanto, por ceder a la vida de Cristo adentro de nosotros, el vivir victoriosamente se hace realidad en vez de permanecer como idea oscura entendida solo por Dios.

Dirías, "Conozco (en la cabeza) que soy salvo del castigo del pecado, y que se vence la tentación por ceder a la presencia de Jesús dentro de mi, pero ¿cómo funciona esto en un sentido práctico?" Esa es una buena pregunta, porque podemos hablar de ser salvo por la vida de Cristo sin saber mucho del tema. Por eso, vamos a pasar mucho tiempo en Romanos 6, 7, and 8 discutiendo ese tema esencial. Pero por ahora, déjame darte una idea de cómo ese ha empezado a funcionar en mi propia experiencia. Nota el énfasis en <u>empezado</u>.

Descubro, primero que todo, que la tentación no puede ser vencida por concentrarse en la tentación. Si tengo problema con robar, nunca experimentaré la victoria en esa área por decir, "No voy a robar." Con esa mentalidad, la responsabilidad para vencer el problema depende de mí. Sin embargo, si me veo santo y perfecto, como Dios me ve, me doy cuenta de que no es natural que yo ceda a la tentación. Consecuentemente, cuando estoy tentado, puedo recordar que Jesús vive en mí, dejarlo actuar, y alejarme de la tentación en Su fuerza. Eso es lo que significa ser salvo *"por su vida"* (Romanos 5:10). Suena sencillo, ¿no? Pero sabes bien como yo que no es tan fácil como parece. Por eso, vamos a invertir mucho tiempo en Romanos 6:1-8:17 en aprender la manera en que esa realidad pueda hacerse más que una experiencia al azar. De hecho, ese debe ser nuestro estilo de vida si queremos vivir victoriosamente.

En Romanos 5:11, Pablo dice que *"...nos gloriamos en Dios por medio de nuestro Señor Jesucristo."* De Romanos 5:2, sabemos que *"nos gloriamos"* quiere decir "nos alegramos." Y podemos alegrarnos porque por medio de Cristo hemos sido reconciliados y restaurados a un lugar de favor con Dios. No me sorprende que Pablo describe *"el evangelio"* como *"el glorioso evangelio del Dios bendito..."* (1 Timoteo 1:11). ¡De verdad, es *"glorioso"*! Vamos a continuar observando cuan *"glorioso"* es mientras hacemos el resto de este estudio. Es divertido, ¿no? La información de la semana que viene provocará que pienses más que cualquier parte del estudio. Por eso, mantente alerta.

Romanos 5:12-21

Primer Día

1. ¡No puedo esperar a que estudies el material de esta semana! Lee Romanos 5:12-21, con Génesis 2 y 3. Romanos 5:12 dice que *"por un hombre..."* algo *"entró en el mundo."* ¿Quién era el *"hombre"*, y qué *"entró en el mundo"*? La próxima pregunta te retará, así que toma un tiempo en pensarlo bien (si no puedes responder ahora, lo harás después). Si la palabra *"pecado"* en versículo 12 no significa una acción de pecado, ¿a qué se refiere?

2. ¿Qué *"se extendió a todos los hombres"* como resultado de la desobediencia de Adán (v.12)? ¿La palabra *"muerte"* (o muerto) en la Escritura siempre se refiere a la muerte física? Si no, ¿qué podría significar? ¿Cómo se relaciona esto con pasajes como Efesios 2:1 y Colosenses 2:13?

Segundo Día

1. Lee Romanos 5:12-21. La palabra *"imputa"* quiere decir "cargar a la cuenta de alguien" (v.13). Desde el tiempo de Adán hasta el tiempo de la ley Mosaica, *"había pecado en el mundo,"* pero *"no se imputa"* (v.13). ¿Qué significa esto para ti?

2. Como serelaciona Romanos 2:12 a lo que estudiamos?

Tercer Día

1. Lee Romanos 5:12-21. Considera la próxima pregunta cuidadosamente antes de responder. ¿Cómo puede Dios permanecer justo y permitir que *"la muerte"* reine *"desde Adán hasta Moisés"* (v.14) si el *"pecado"* no se imputó durante esa época (v. 13)?

2. Lee Romanos 5:14 otra vez. ¿Cómo puede ser Adán *"figura del que había de venir,"* es decir, *"figura de"* Jesús? Asegúrate de mencionar las Escrituras del Antiguo y Nuevo Testamentos mientras contestas. No te desanimes si tienes dificultad en cumplir la tarea para hoy. ¡Haz lo que puedas y anímate con tu progreso! La lección debe ayudarte a resolver las dificultades.

Cuarto Día

1. Lee Romanos 5:12-21. En Romanos 5:15-19, Pablo compara el fruto de la desobsdiencia de Adán con el fruto de la obediencia de Cristo. ¿Qué dice sobre Adán y Cristo en estos versículos? ¿Cuál es la cosa más importante que aprendiste de la lección de hoy?

Quinto Día

1. Lee Romanos 5:12-21. En Romanos 5:18, leemos que *"...por una transgresión resultó la condenación de todos los hombres..."* ¿Cómo puede Dios condenar a toda la humanidad por medio del pecado de Adán y a la misma vez, ser justo? ¿Qué hizo Dios para proveer un camino para que el pecador arrepentido pueda evadir esa condenación?

2. ¿El verso, *"así también por la obediencia de uno los muchos serán constituidos justos"* (v.19) enseña que toda la humanidad será salva ahora que la cruz es un evento real en espacio y tiempo? Si no, ¿qué significa? Haz una lista de versículos que confirmen tu respuesta.

Sexto Día

1. Lee Romanos 5:12-21. En Romanos 5:20, Pablo repite el propósito de la Ley. ¿Cuál es su propósito? Mientras *"el pecado abundó,"* ¿qué abundó más? ¿Qué dice eso sobre el carácter de Dios, especialmente en el área de gracia y misericordia?

2. La palabra *"eterna"* se usa en Romanos 5:21. ¿Qué es *"vida eterna"*? Si tienes dificultad con responder a esa pregunta, la lección siguiente debe ayudarte.

Romanos 5:12-21 Lección

La equivocación de Adán y el remedio de Jesús

En las preguntas de esta semana, observamos el contraste entre el mal de la desobediencia de Adán y la grandeza de la obediencia de Cristo. La caída de Adán trajo condenación a todo hombre, pero el sacrificio de Cristo ofreció la reconciliación a todo hombre. Esta sección también provee una revelación más profunda de la palabra *"pecado."*

Antes de continuar la lección, ve a la sección de consulta que se coloca al final del libro. Se proveen nueve diagramas circulares a los cuales nos referiremos durante las semanas que vienen. Si quieres, puedes hacer copias para referir a los diagramas fácilmente. Lo que sea más cómodo es lo importante, pero TIENES QUE usarlas. El material escrito será imposible de entender de otra manera.

El contenido del siguiente párrafo sería algo confuso en este momento del estudio, pero se hará más fácil de entender mientras continuamos estudiando esta sección fascinante de la Palabra de Dios.

Romanos 5:12 dice, *"...el pecado entró en el mundo por un hombre..."* Para interpretar bien esta frase, debemos entender que Satanás estaba presente *"en el mundo"* antes del pecado de Adán, Satanás siendo la personificación del pecado. Consecuentemente, la frase, *"el pecado entró en el mundo por un hombre"* tiene que significar, *"el pecado entró en el hombre por un hombre."* Adán era el *"hombre,"* porque Dios le instruyó abstenerse *"del árbol del conocimiento del bien y del mal"* en Génesis 2:17. Si el hombre comiera, moriría instantáneamente en el sentido espiritual (Génesis 2:17) y después en el sentido físico, así de sencillo. Comió del árbol en Génesis 3:6 y experimentó muerte espiritual inmediata, una muerte que indica la separación en vez de extinción. ¿Por qué la separación en vez de la extinción? *"Dios es espíritu"* (Juan 4:24), y el pecado de Adán lo separó de Dios en un sentido espiritual. Su muerte física pasó mucho después, un hijo nació a Adán en Génesis 4 después de su pecado en Génesis 3, lo cual indica que permaneció vivo físicamente después de su desobediencia. Así, *"el pecado entró en el mundo,"* es decir, *"entró en"* el hombre, y resultó en la separación espiritual de Dios. Nota: Génesis 3:7 verifica que esta muerte espiritual no le proveyó que Adán reconociera su desnudez espiritual, y confirme que los depravados espiritualmente <u>pueden</u> comprender su necesidad de un Salvador, arrepentirse y creer através de fe personal y experimentar la salvación de Dios.

Obviamente, la palabra *"pecado"* en Romanos 5:12, al ser sustantivo, puede indicar algo diferente que <u>las acciones</u> de pecado del hombre. De hecho, serefiere a un <u>poder</u> que se llama *"pecado."* Este hace que Romanos 5:12 sea fascinante. Disfruta lo que sigue.

Para asegurar que se discute Romanos 5:12 completamente, he dividido el pasaje entre frases y discutido cada frase más detalladamente como fue posible. Notarás que a veces me repito por decir la misma cosa en manera diferente, porque hay que entender los principios enseñados en el versículo para que el resto del estudio sea significativo.

Observa el diagrama circular 1 en la sección de consulta que se llama, "El hombre tiene tres partes." Lee toda la información. Cuando termines, continúa con la lección.

Por tanto, tal como el pecado entró en el mundo por un hombre, (Romanos 5:12a)

1. La presencia del pecado ya estaba <u>en</u> el mundo, pero no <u>en</u> el hombre antes del pecado de Adán. Después de todo, la serpiente (el mal) estaba presente en el jardín <u>antes de que</u> Adán comiera la fruta prohibida. Sin embargo, cuando Adán pecó (Génesis 3:6-7), *"el pecado entró"* al

hombre por la desobediencia de *Adán* (Romanos 5:12). Es obvio que Adán cometió una acción de pecado. Pero la palabra *"pecado"* en algunos casos, especialmente en partes de Romanos 5-8, se refiere a un poder que se llama *"pecado"* que entró a Adán y habita en el hombre. Este poder se refiere en las Escrituras como *"la ley del pecado"* en pasajes como Romanos 7:23, 25 y 8:2. Se llama *"pecado"* en versículos como Romanos 7:17 y 20. Vamos a llamar este poder en la mayoría de las veces como el poder del pecado, pero en algunos casos simplemente como pecado.

2. Cuando estudiamos Romanos, el contexto de la palabra *"pecado"* es crítico, porque puede referirse a dos cosas completamente diferentes: (1) la acción de pecar o (2) el poder del pecado. El poder del pecado se discutirá en muchas ocasiones en las próximas semanas. Tienes tiempo suficiente para entender su significado, aún si al principio parece algo confuso.

3. El poder del pecado *"entró"* al espíritu, el alma y el cuerpo de Adán cuando Adán pecó. Como resultado, el alma de Adán era inundada con mensajes de este poder que se llama *"pecado."* Haz referencia al diagrama circular 2 que se llama, *Pecado (El poder del pecado) entró al hombre,* que se coloca en la sección de consulta, y lee toda la información. El poder del pecado no es un demonio. Es un poder organizado que tiene Satanás como maestro. Si esto ayuda, se puede considerar que el poder del pecado es el opuesto del Espíritu Santo. Cuando Dios habla al alma del hombre, habla por medio del Espíritu Santo. Cuando Satanás habla al alma del hombre, habla por medio del poder del pecado. Así, el poder del pecado es mensajero o agente de Satanás. Estudiaremos este tema detalladamente más adelante en el estudio.

y la muerte por el pecado

1. La desobediencia de Adán trajo *"la muerte,"* porque el Señor había advertido a Adán en Génesis 2:17 que moriría si comiera de la fruta prohibida. Debemos recordar que la palabra *"muerte"* en las Escrituras puede significar "separación" tanto como "extinción."

2. Cuando Adán pecó, su espíritu y alma murieron (se "separaron" de Dios), y en ese momento la naturaleza pecaminosa (naturaleza Adámica, vieja naturaleza, viejo hombre, espíritu muerto, viejo yo) nació. Instantáneamente, fue natural que Adán pecara, porque su naturaleza era pecaminosa, su naturaleza siendo alma y espíritu. Refiérete al diagrama circular 3 que se llama *Hombre sin Cristo,* y date nota que los términos espíritu muerto, naturaleza pecaminosa, naturaleza Adámica, viejo hombre, y viejo yo son sinónimos, expresiones que consisten de diferentes palabras, pero poseen el mismo significado. Cuando ves alguno de estos términos, en el estudio o en la Escritura, sabrás que se refiere a la naturaleza que tuvo Adán después de pecar- la misma naturaleza que tú y yo tuvimos hasta que Cristo nos hizo nuevos. Se debe referir al diagrama circular 9, también. Estudiaremos los diagramas circulares del 1 a 3, con diagrama circular 9 detalladamente la semana que viene.

3. La naturaleza pecaminosa (o viejo hombre, espíritu muerto, viejo yo, naturaleza Adámica) goza de rebelarse contra Dios. Eso no significa que los depravados (los no regenerados espiritualmente) son incapaces de arrepentirse y creer através de la fe antes de la salvación, como se vio en semanas anteriores.

4. Porque la naturaleza del hombre es quien el hombre es, Adán era la naturaleza pecaminosa (el viejo hombre, etc.) después de pecar. Para más información, refiere a los diagramas circulares 1 y 9 y lee sobre el espíritu y el alma del hombre.

5. Como se mencionó anteriormente, "la muerte" en la Escritura puede significar "la separación." Porque *"Dios es espíritu"* (Juan 4:24), y porque la parte de Adán que pudo comunicarse con Dios fue separada de Dios a causa de su desobediencia, Adán estaba muerto para Dios. Así, cuando el alma y el espíritu de un hombre se separan de Dios, el hombre está muerto, aunque continua viviendo físicamente. Obviamente, la palabra *"muerte"* en la Escritura no siempre significa extinción física. También puede significar la separación espíritual.

6. Cuando Adán pecó, su espíritu y alma murieron (se separaron de Dios). Después de todo, el poder del pecado entró en el espíritu y el alma de Adán- y por eso trajo a la vida la naturaleza pecaminosa (viejo hombre, viejo yo, naturaleza Adámica, espíritu muerto). El poder del pecado también se movió al cuerpo de Adán. El alma de Adán era entonces inundada con las mentiras del poder del pecado. Refiere a los Diagramas Circulares 2 y 3.

7. El acto de desobediencia de Adán resultó no solo en la muerte inmediata de su espíritu y alma, pero su cuerpo físico también murió eventualmente. Sabemos que Adán murió una muerte física varios años después de pecar, un evento que no habría ocurrido si hubiera obedecido.

así también la muerte se extendió a todos los hombres,

1. Porque somos descendientes de Adán, nacemos con la naturaleza que Adán poseyó después de pecar. Consecuentemente, nacemos con alma y espíritu muertos (separados de Dios) porque *"la muerte se extendió a todos los hombres."*

2. La muerte física también se extendió a todos los hombres, porque Adán murió físicamente eventualmente, también sus descendientes.

porque todos pecaron.

1. Para entender esta frase, debemos unirlo con lo que fue dicho previamente. *"Así también la muerte se extendió a todos los hombres, porque todos pecaron"* significa que nuestros actos de pecado confirman que la muerte se extendió a todos los hombres.

¿Has notado el egoísmo de un bebé? Bonitos como son, los bebés tienen la naturaleza de Adán desde la concepción, y como resultado, se preocupan de una cosa sola: tener <u>sus</u> necesidades satisfechas. Los adultos que no conocen a Cristo también exhiben tendencias egoístas. ¿Por qué? Porque tienen la naturaleza de Adán, una naturaleza que está fuera de contacto con Dios mientras eligen la rebelión en lugar de la sumisión a Cristo. Esta naturaleza está determinada a tener su propia manera, pensando en sí mismo antes que en todos lo demás. Este era el problema de Adán en el jardín, ¿no?

2. ¿Te das cuenta de que los perdidos no estarán condenados al infierno por sus actos de pecado? Es la naturaleza que heredaron de Adán que los condenará (Efesios 2:3- *"...éramos*

naturaleza hijos de ira..."). Estudiaremos más sobre esta naturaleza, y lo que pasa con ella cuando uno recibe a Cristo, más tarde en el estudio.

3. Revisa todo lo que hay sobre Romanos 5:12. Refiere a los diagramas circulares 1-3, y 9 mientras lees el versículo.

Ahora que cubrimos Romanos 5:12, es la hora de pasar a Romanos 5:13. La primera parte del versículo enseña: *"pues antes la ley* [La Ley de Moisés] *había pecado en el mundo..."* Esto es obvio, porque el hombre ha estado cometiendo actos de pecado desde que Adán desobedeció en el jardín. ¿Te das cuenta de que cualquiera de estos actos de pecado *"no se imputa* [carga a la cuenta de una persona] *cuando no hay ley"*? El hombre tiene que romper un mandato directo de Dios para que el pecado se impute a él.

Pero ningún mandato directo de Dios fue expresado desde Adán hasta Moisés, porque solo la ley moral escrita en la conciencia del hombre existió durante esa época. Entonces, ¿por qué murieron los hombres desde el tiempo de Adán hasta el tiempo de Moisés si no estaban en violación de ninguna ley específica? La respuesta es simple. La raza entera pecó cuando Adán pecó. ¿Cómo? Los genes de todos los descendientes de Adán estaban en su conjunto genético cuando pecó. Por eso, desde la perspectiva de Dios, toda la humanidad rompió Su mandato simultáneamente con Adán. Esto explica porque Dios puede mantenerse justo y, a la misma vez, permitir morir individuos quienes vivieron antes de que se diera la ley Mosaica. Revisa Romanos 2:12 y observe como da validez a nuestra discusión. Nota: Pablo no dice que existíamos durante la época en que Adán pecó, sino que nuestros genes estaban en el conjunto genético cuando Adán pecó. En otras palabras, cada uno de nosotros empezó a existir en el momento de nuestra concepción.

Romanos 5:14 está interpretado fácilmente teniendo en cuento lo previo:

Sin embargo, la muerte reinó desde Adán hasta Moisés, aun sobre los que no habían pecado con una transgresión semejante a la de Adán, el cual es figura del que había de venir. (Romanos 5:14)

¿Entiendes mejor porque nuestra relación con Adán causó nuestra necesidad de un Salvador?

También lees en Romanos 5:14 que Adán es *"figura del que había de venir,"* *"figura"* de Cristo. Después de todo, ni Adán ni Cristo tenía padre terrenal. Adán fue creado sin una naturaleza pecaminosa; Cristo nunca tuvo una naturaleza pecaminosa. La esposa de Adán fue tomada de una costilla de su costado (Génesis 2:21-25); la esposa de Cristo (la iglesia) fue tomado de su costado perforado (Juan 19:34). Lo que quiere decir Pablo es muy obvio.

En Romanos 5:15-19, Pablo verifica que el don de Cristo por la gracia era mucho mejor que la transgresión de Adán. Una vez, lo oí explicado así: "¿Cuál sería el mayor acto, encender un fósforo y prender un incendio forestal o extinguirlo después de que el fuego estuviera fuera de control?" ¡Extinguir el fuego, claro, sería el mayor acto! Sin duda, *"por la transgresión de uno, por éste reinó la muerte,"* pero *"mucho más reinarán en vida por medio de uno, Jesucristo, los que reciben la abundancia de la gracia y del don de la justicia."* (Romanos 5:17) ¡Qué maravillosas noticias! Podemos reinar *"en vida"* de verdad por ceder a la presencia de Cristo que mora en nosotros. Eso significa que podemos vivir por encima de cualquier cosa que viene a nosotros. Así, después de arrepentirse y creer através de la fe personal cuando estabamos depravados espiritualmente, Dios nos hizo nuevos y nos introdujo a la aventura más maravillosa que te puedes imaginar, una aventura vivida por la vida de Otro, ¡la vida de Cristo!

La primera frase en Romanos 5:18 dice *"...tal como por una transgresión resultó la condenación de todos los hombres..."* Como confirmamos antes, nuestros genes estaban en el conjunto genético de Adán cuando pecó. Por eso, nacimos en una condición en la que Dios no tuvo otra alternativa más que condenarnos. Nacimos con un espíritu muerto, un espíritu separado de Dios. Este espíritu separado (llamado la naturaleza Adámica, el viejo hombre, el viejo yo, el espíritu muerto, o la naturaleza pecaminosa) nos hizo *"hijos de ira"* ante el Padre cuando rechazamos Su provisión por Cristo (Efesios 2:3).

La última frase de Romanos 5:18 puede ser engañosa si sólo se ve superficialmente. <u>No</u> dice que *"por un acto de justicia"* (refiriéndose a la cruz de Cristo) que *"todos"* los descendientes de Adán están salvos. Más bien, Pablo comunica que por la cruz *"la justificación de vida"* (la salvación) fue hecha disponible a *"todos los hombres."* Sin duda, Dios requiere *"arrepentimiento"* (2 Timoteo 2:25, Hechos 11:18) y *"fe"* (Hechos 16:31, Hechos 26:18, Romanos 10:9-10) de los depravados espiritualmente antes de darles tal *"vida."*

En Romanos 5:20, Pablo repite el propósito de la ley. La *"ley"* fue dada *"para que abundara la transgresión."* En algún momento previo, ¿has visto la ley desde este punto de vista? ¿Has considerado que la ley fue dada para ser rota; que su propósito es causarle al hombre pecar más? Fue dada para que el hombre pudiera darse cuenta de su estado pecador, arrepentirse, y recibir a Jesús como su Salvador. Sin embargo, date cuenta de lo que pasó cuando *"la transgresión"* abundó. ¡La gracia de Dios abundó, también! Cuando el pecado del hombre abundó, la gracia de Dios abundó en consecuencia, dándole al hombre tiempo suficiente para arrepentirse y venir a Cristo si quiere hacerlo. Sí, *"el pecado reinó en la muerte,"* pero *"la gracia"* reinará *"por medio de la justicia para vida eterna, mediante Jesucristo nuestro Señor."* (Romanos 5:21)

"Vida eterna" (v.21) es el tipo de vida que tiene Dios. No tiene ni comienzo ni fin. Es el tipo de *"vida"* que cada creyente recibe cuando Dios lo coloca en Cristo. ¡No te olvides de esto!

Tal vez te preguntas como incorporar esta verdad a tu experiencia cotidiana. No te preocupes, Romanos 6 hace un buen trabajo en describir el lado práctico de lo que hemos estudiado. Empezaremos a ver este capítulo la semana que viene, así que anímate.

Romanos 6:1-6 (1ª parte) Preguntas

No te olvides de orar cada día antes de responder a las preguntas.

Primer Día

1. Lee Romanos 6:1-6, y mira los diagramas circulares 1, 2, 3, y 4 en la sección de consulta. Recuerda que el diagrama circular 3 representa la condición del hombre <u>sin</u> Cristo, mientras que el diagrama circular 4 representa la condición del hombre <u>con</u> Cristo. Busca toda referencia de la Escritura, y trata de entender como se relaciona con el tema que discutimos ahora. Recomiendo que revises la sección de la lección de la semana pasada que se relaciona con Romanos 5:12. En el espacio de abajo, escribe cualquier nuevo pensamiento.

Segundo Día

1. Lee Romanos 6:1-6. El hombre consiste en tres partes (1 Tesalonicenses 5:23). Según el diagrama circular 1, ¿cuáles son las tres partes? ¿Cuáles tres partes constituyen el alma? Estudiaremos el alma en más detalle después.

2. ¿Cuál parte de Adán murió al instante que pecó? (Recuerda de lo que discutimos la semana pasada.) En el diagrama circular 3, se refiere de maneras diferentes a la naturaleza que Adán poseyó después de que pecara. Haz una lista de ellas.

Tercer Día

1. Lee Romanos 6:1-6. Haz referencia a los diagramas circulares 2 y 3. ¿Qué entró al espíritu, alma, y cuerpo cuando pecó Adán? (Siéntete libre para volver a los apuntes de la semana pasada.)

2. Tal vez te sientes cansado de responder a preguntas relacionadas a la palabra "*pecado*." Sin embargo, pronto darás gracias al Señor por la oportunidad de estudiarlo en tanto detalle. Escribe algo nuevo que el Señor te haya enseñado relacionado con esta palabra. También, asegúrate de entender lo que fue dicho sobre el "*pecado*" en la lección de la semana pasada.

Por mi propia experiencia, sé que se requiere revisar mucho antes de que podamos entender esta verdad tan importante.

Cuarto Día

1. Lee Romanos 6:1-6. Diagrama circular 4 *(Hombre con Cristo)* representa una persona quien conoce a Cristo. De lo que estudiamos la semana 7 (Romanos 5:1), haz una lista de algunas características del hombre nuevo (nuevo yo). Nota: El hombre nuevo consiste en el espíritu y el alma del creyente.

    Cuando Dios dice que tu hombre nuevo es santo, perfecto, inocente y además, dice que tu espíritu y tu alma son santos, perfectos, inocentes y lo demás. Para probar esto, necesito solo citar Hebreos 10:14:

    "porque por una ofrenda Él ha hecho perfectos para siempre a los que son santificados." (Hebreos 10:14)

    Piensa en lo que comunica el escritor de Hebreos aquí. Dios hace *"perfectos"* tu espíritu y tu alma antes de que tus acciones hayan sido perfectas y santas (antes de que tu comportamiento esté alineado con quien eres en tu espíritu y tu alma). Consecuentemente, lo que haces no es quien eres, aunque quien eres tiene impacto tremendo en lo que haces. Por eso, no tienes aceptación con base en tu conducta con Dios, tienes aceptación con base en Jesús con Dios. Piensa en esto por algunos momentos y escribe algún comentario abajo. Si tienes dificultad en entender estas verdades, no te desanimes. Tendremos mucho tiempo para estudiarlo más en los días que vienen.

Quinto Día

1. Lee Romanos 6:1-6. Según diagrama circular 4, ¿dónde vive Cristo en un creyente neotestamental? ¿Cómo se relacionan Colosenses 1:27 y Colosenses 3:4 con esto? Nota: aunque Cristo y el nuevo hombre moran juntos, el nuevo hombre y Cristo son entidades distintas. ¡No estamos enseñando que tú (el nuevo hombre) eres un pequeño Jesús!

2. Según diagrama circular 4, ¿qué pasa con el poder del pecado cuando Cristo entra en el espíritu de un creyente? ¿Cómo se relaciona 1 Juan 4:4 con esta verdad? Nota que el poder del pecado vive solo en el cuerpo de un creyente, no en el cuerpo, alma y espíritu como ocurre en los perdidos. En Romanos 7, estudiaremos más sobre esta característica del poder del pecado.

Sexta Día

1. Lee Romanos 6:1-6. ¿Qué pasa al *"viejo hombre"* (viejo yo) cuando una persona encuentra a Cristo? (Refiere a diagrama circular 4 por ayuda.) Ahora, de nuevo, ¿qué es el *"viejo hombre"* y cómo empezó a existir? (Tal vez necesitarás revisar la lección de la semana pasada para responder correctamente.)

2. ¿Qué enseña Romanos 6:6 acerca del *"viejo hombre"*? Es muy importante que respondas a la próxima pregunta correctamente. ¿Murió de verdad el *"viejo hombre"* (viejo yo)? Y ¿se hizo extinto cuando fuimos hechos nuevos en Cristo, o solo fue pronunciado muerto? Si tienes dificultad en responder a esta pregunta, la siguiente lección debe ayudar a tu entendimiento.

Romanos 6:1-6 (1ª parte) Lección

La erradicación del viejo yo

Esta semana te has enfocado en el diagrama circular, una herramienta que debe mejorar tu entendimiento de Romanos 6-8. No es una herramienta perfecta, pero creo que agradecerás su valor mientras continuamos. Mucho de lo que hay en la lección de esta semana parecerá repetitivo, pero he aprendido la necesidad de esto durante los treinta años y más de enseñar estas materias.

El hombre consiste en tres partes: "el espíritu, el alma, y el cuerpo" (1 Tesalonicenses 5:23). El alma consiste en tres partes: la mente, las emociones, y la voluntad. Estudiaremos el alma en más detalle después. Toma unos minutos para revisar el diagrama circular 1.

Diagramas circulares 2 y 3 muestran visualmente lo que ocurrió en Adán cuando Adán pecó. El pecado de Adán resultó en la muerte espiritual y, por eso, un cambio de naturaleza. En las escrituras se refiere a esta naturaleza de muchas maneras: naturaleza Adámica, espíritu muerto, viejo yo, viejo hombre, y naturaleza de pecaminosa. Por eso, después del pecado de Adán, era natural que Adán pecara. Porque somos descendientes de Adán, nacimos en esta misma condición, *"muertos"* para Dios (Efesios 2:1), o separados de Dios, también dueños de una naturaleza que goza el pecado.

No solo el espíritu de Adán murió (fue separado de Dios, Quien "es espíritu" Juan 4:24), pero el poder del pecado (mensajero, representativo, y agente de Satanás,) empezó a morar en el espíritu, el alma, y el cuerpo de Adán (nota el diagrama circular 2). La mente de Adán, siendo parte de su alma, fue entonces inundada con mentiras de este poder. Una revisión de la lección de la semana 10 sería buena idea en este momento.

Las noticias no son completamente malas. El hombre puede ser liberado de la naturaleza Adámica y unido con la vida de Dios por medio de Cristo. En el diagrama circular 4, observamos que una vez que uno se arrepiente y cree cuando está depravado espíritualmente, Dios crucificó su *"viejo hombre"* (Romanos 6:6), quien era, y creó el nuevo yo (2 Corintios 5:17), quien es ahora. Esto fue resultado de que Jesús viviera en nuestro espíritu (Colosenses 1:27 y Colosenses 3:4), con el Espíritu Santo (Juan 3:5-6; Romanos 8:16), que permitió que seamos hechos vivos para Dios. Date cuenta de que todos estos cambios tomaron lugar en el momento de la justificación (salvación).

Dios no limpió nuestro *"viejo hombre;"* lo crucificó (Romanos 6:6)- lo erradicó- lo eliminó para siempre. Entonces creó el nuevo yo (el nuevo hombre), quien es un ser santo y perfecto, aceptado completamente ante Sus ojos. Para leer más información sobre el nuevo hombre (el nuevo yo), revisa la lección de Romanos 5:1, dándote cuenta de que lo que se dice sobre la justificación aplica para el alma y al espíritu del creyente. Sin duda, tu alma y espíritu definen quien eres. Así, el nuevo hombre se forma del alma y el espíritu (mira diagramas circulares 4 y 9).

Si recuerdas, discutimos Hebreos 10:14 en el cuarto día de las preguntas de esta semana:

"porque por una ofrenda Él ha hecho perfectos para siempre a los que son santificados." (Hebreos 10:14)

Descubrimos que Dios hace perfectos nuestra alma y nuestro espíritu en el momento de la justificación, aunque nuestro comportamiento está constantemente en proceso de ser santo. Obviamente, lo que hacemos no es quienes somos, aunque quienes somos tiene un impacto tremendo en lo que hacemos. Es importante entender lo que tomó lugar cuando nuestro *"viejo hombre"* (naturaleza Adámica) fue erradicado y nuestro nuevo hombre (nuevo yo) fue creado. El ejemplo que sigue, por ridículo que parezca, ha sido una herramienta maravillosa para comunicar esta verdad importante.

Si tomas un cerdo (puerco), y eliminen su naturaleza y la reemplazas con la naturaleza de un gato, esta nueva criatura usaría caja de arena. Pues, ¿cómo le llamarías a la nueva criatura? ¿Le llamarías cerdo o gato? Le llamarías gato, porque la naturaleza de la criatura, y no como parece por fuera, lo hace lo que es. Si la nueva criatura se cayó en un hueco de lodo, se lamería para limpiarse. ¿Por qué? ¡Se lamería para limpiarse porque odiaría el lodo! Los gatos odian al lodo; los cerdos aman el lodo. Es lo mismo con los creyentes neotestamentales. Primero que todo, Dios eliminó nuestra vieja naturaleza (*"viejo hombre,"* naturaleza pecaminosa, naturaleza Adámica, etcétera), porque nuestro viejo yo era quien éramos. Entonces, lo reemplazó con nuestra nueva naturaleza (el nuevo hombre o el nuevo yo), quienes somos ahora. Odiamos el pecado, pero cometeremos pecados, de vez en cuando. Sin embargo, cuando lo hacemos, entristecemos *"...al Espíritu Santo de Dios..."* (Efesios 4:30), que resulta en un deseo de confesar y arrepentirnos. La conclusión es que nunca más somos capaces de gozar el pecado.

Aumentemos esta ilustración del gato y el cerdo. Como fue mencionado anteriormente en el estudio, algunos piensan del viejo yo (naturaleza Adámica) como si fuera herido, pero vivo, dentro del creyente. De hecho, piensan que el viejo yo (naturaleza Adámica) no es erradicado cuando creemos, pero cuando experimentamos la muerte física. Tal mentalidad se llama "Verdad posicional" en grupos teológicos, un tema que se menciona brevemente en la lección de Romanos 5:1. ¿Es válida la verdad posicional? O ¿es contradictoria? Es contradictoria, como el siguiente párrafo lo verifica.

Si el viejo yo (naturaleza Adámica) vive en nosotros, tendríamos dos naturalezas, parte mala y parte justa, porque el viejo yo es malo y el nuevo yo es justo. Así, seríamos ambos gato y cerdo, "gardo." Ser parte mala y parte justa presentaría una situación imposible para el creyente neotestamental. ¿Por qué? Si pecáramos, (nos caemos al lodo), el cerdo se pondría feliz y el gato sería miserable. Por otro lado, si andamos justamente (si evitamos el lodo), el gato sería feliz y el cerdo estaría muy consternado. ¿Entiendes lo que digo? Si poseemos dos naturalezas, nunca podríamos experimentar la paz de Dios. El gato o el cerdo, uno de los dos, estaría miserable sin importar lo que decidamos hacer, dejando nuestra alma en confusión constante. Consecuentemente, o el *"viejo yo"* (Romanos 6:6) fue erradicado cuando fuimos nacido de nuevo, o no tenemos esperanza de vivir en el *"reposo"* (Hebreos 4:9) ni la *"paz"* (Gálatas 5:22) de Dios. Cuando estudiamos Romanos 7:1-4, vamos a hablar más de la necesidad de la erradicación del *"viejo yo."*

Ahora que tratamos de la erradicación de la naturaleza pecaminosa en el creyente neotestamental, examinamos más al poder del pecado. Este poder, que vive en el espíritu, el alma, y el cuerpo de los no creyentes, bombardea sus mentes con mentiras continuamente (diagramas circulares 2 y 3). Sin embargo, el poder del pecado <u>envía</u> mensajes a la mente de un creyente solo por el camino del cuerpo, usando el cerebro, un trozo de carne, como conducto por el cual hacer su trabajo (diagrama circular 6). Así, después de ser nacido de nuevo (justificado), tu cuerpo es la única avenida por lo cual el poder del pecado puede enviar un mensaje a tu mente.

No mal entiendas, el cuerpo no es malo. Sin embargo, es el camino por lo cual el poder del pecado funciona mientras intenta controlar tu vida. El pecado (el poder del pecado) no puede enviar mensajes a tu mente por el camino del espíritu, porque cuando Cristo entró en tu espíritu, el poder del pecado fue desalojado (Colosenses 3:4, 1 Juan 4:4). Ni puede el poder del pecado entrar en tu alma para poner pensamientos en la mente, la mente siendo parte del alma (refiere a los diagramas circulares). Así cuando el poder del pecado envía un mensaje a tu mente, es el pensamiento, y no el pecado (el poder del pecado), que entra. En otras palabras, el poder del pecado no puede entrar en la mente de un creyente.

Tómate en serio lo que discutimos aquí, te ayudará el resto de tu vida. Si tienes dificultad en seguir, anímate. Invertiremos mucho tiempo durante las próximas semanas analizando estos temas desde una base bíblica. Asegúrate familiarizarte con los diagramas circulares 1-4. Los usaremos cada día de la vida, especialmente cuando experimentamos conflicto espiritual. Nos preparamos para la batalla, pues ¡Mantente alerta!

Recomiendo altamente la obra de Dr. Bill Gillham [en inglés*], *Lifetime Guarantee*. Cubre muchas de las verdades que se tratan en Romanos 5-8 y ha sido fuente de ánimo a muchos.

Romanos 6:1-6 (2ª parte) Preguntas

Recuerda orar por sabiduría mientras buscas respuestas a las preguntas de esta semana.

Primer Día

1. Lee Romanos 6:1-6. ¿Por qué usa Pablo las dos preguntas que forman Romanos 6:1? ¿Cómo responderías a estas preguntas?

2. Con base en Romanos 6:2, ¿cómo vio Pablo el *"pecado"*?

3. En Romanos 6:1, algunos individuos le acusaron a Pablo que enseñara "permiso"- que una persona pudiera recibir a Cristo y gozar el pecado, y continuar considerándose hijos de Dios. ¿Por qué le acusaron de enseñar esto?

Segundo Día

Las preguntas de hoy te presentarán un reto, por eso piensa bien y responder a lo que puedas.

1. Lee Romanos 6:1-6. Romanos 6:3 dice que creyentes son *"bautizados en Cristo Jesús."* Según 1 Corintios 12:13, ¿de qué forma fuimos *"bautizados"* en Cristo Jesús?

2. ¿Qué significa ser *"bautizados en su muerte"* (v.3)?

3. ¿Cómo hubiéramos podido ser *"bautizados en su muerte,"* (la *"muerte"* de Cristo) si aún no estábamos vivos en el momento de *"su muerte"*? (Te advertí que las preguntas de hoy serían desafiantes.)

Tercer Día

1. Lee Romanos 6:1-6. En Romanos 6:4, ves la palabra *"bautismo."* ¿Esta palabra siempre se refiere a bautismo en agua? Si no, ¿de cuál tipo de bautismo habla Pablo aquí?

2. Para posarte la mente, te gustaría hacer un estudio de palabra sobre *"bautismo."* (Un estudio de palabra es simplemente descubrir todo lo que puedas sobre una palabra específica.) Escribe lo que encuentras.

3. ¿Qué significa andar *"en novedad de vida"*?

Cuarto Día

1. Lee Romanos 6:1-6. Según Romanos 6:6, ¿qué pasó con el *"viejo hombre"* cuando fuiste justificado (salvado)?

2. ¿Qué es el *"viejo hombre"*? ¿De dónde vino? ¿Por qué estaba vivo en ti cuando naciste? (Una respuesta correcta requiera revisión.)

3. ¿Fue el *"viejo hombre"* completamente *"destruido"* (erradicado) cuando recibimos a Cristo, o fue solamente llamado muerto? ¿Qué dicen Efesios 4:22-23 y Colosenses 3:9-10 sobre el *"viejo hombre"*?

Quinto Día

1. Lee Romanos 6:1-6. Las palabras *"cuerpo de pecado"* en Romanos 6:6 verdaderamente significan poder del pecado según *Diccionario Expositivo de Palabras del AT y NT Vine*. Este versículo también dice que el *"cuerpo de pecado"* (el poder del pecado) fue *"destruido."* Si la palabra *"destruido"* significa "hecho incapaz," ¿qué quiere decir Pablo aquí? Toma tiempo mientras lo analisas. La lección de esta semana te ayudará si tienes dificultad con responder a las preguntas de hoy.

Sexto Día

1. Lee Romanos 6:1-6. Según la última frase de versículo 6, ¿qué resultó cuando el *"viejo hombre fue crucificado"* y el cuerpo de pecado fue *"destruido"* (hecho incapaz)?

2. Si eres creyente, ¿te diste cuenta antes que nada más eres esclavo del poder del pecado? ¿Cómo te ha animado aprender (o recordar) que el pecado no tiene poder sobre ti?

Romanos 6:1-6 (2ª parte) Lección

Los versículos 1-6 de Romanos 6 son algunos de los más fascinantes en esta epístola entera. ¿Por qué son tan notables? Muestran un lado de la cruz que puede revolucionar todo el aspecto de nuestra vida con Cristo.

El evangelio de Pablo cuestionado

Evidentemente, los enemigos de Pablo le habían acusado de proclamar un evangelio que dio permiso para pecar (Romanos 6:1). Anteriormente en el estudio, aprendimos que permiso para pecar lleva la idea que creyentes pueden vivir en pecado perpetuo, gozar del pecado, y continuar recibiendo las bendiciones de Dios. Los enemigos de Pablo probablemente dijeron, "Pablo, si lo que enseñas sobre la justificación es la verdad, una persona puede aceptar a Cristo, pecar mucho, gozarlo, y descansar con la garantía que Dios está satisfecho con todo." Sin embargo, sabemos que tal pensamiento contradice la enseñanza de Pablo. En Romanos 6:2 hace una declaración fuertísima cuando dice, *"¡De ningún modo!"* Continua, diciendo, *"Nosotros, que hemos muerto al pecado, ¿cómo viviremos aún en él?"* En otras palabras, es imposible conocer a Cristo y gozar de un estilo de vida de pecado habitual. Sí, pecaremos de vez en cuando. Pero el arrepentimiento y la confesión llegarán pronto. La enseñanza de Pablo no dejó espacio para un compromiso a medias.

La genialidad del bautismo bíblico

Romanos 6:3 es uno de los versículos más malentendidos de todo Romanos. Este versículo dice:

> *¿O no sabéis que todos los que hemos sido bautizados en Cristo Jesús, hemos sido bautizados en su muerte?* (Romanos 6:3)

Debemos tener cuidado con la palabra *"bautizado,"* porque no siempre refiere al bautismo en agua. De hecho, cuando vemos la palabra *"bautizado,"* o *"bautismo,"* etcétera, el agua no debe venir a la mente automáticamente. Por ejemplo, *"bautismo"* en Lucas 12:50 refiere a la crucifixión de Jesús, no a su baptismo en el agua de Lucas 3:21-22. Así, tales palabras como *"bautizado"* pueden tener significados diferentes, dependiendo del contexto.

Esta información crea una situación más interesante en Romanos 6:3. ¿Es agua la vía por lo cual los creyentes son *"bautizados en Cristo Jesús"*? No según 1 Corintios 12:13:

> *...por un mismo Espíritu todos fuimos bautizados en un solo cuerpo...* (1 Corintios 12:13)

El *"cuerpo"* que se menciona aquí es el *"cuerpo"* de Cristo, pues ¡piensa en lo que significa esto! Significa que la frase *"bautizado en Cristo Jesús"* (Romanos 6:3), refiere al bautismo del *"Espíritu."* Este es un bautismo que ocurre a la vez con la justificación- un bautismo que pone al pecador arrepentido quien busca la salvación *"en Cristo"* para que pueda ser hecho nuevo. ¡El agua no puede hacer este trabajo!

Con base en esta evidencia, algunos preguntarán, "entonces, ¿cuál es el propósito del bautismo en agua?" Se puede obtener la respuesta fácilmente, porque cuando somos bautizados en agua, decimos al mundo que hemos muerto con Cristo, que hemos sido enterrados con Cristo, y que hemos sido levantados con Cristo a la vida nueva- todo por el camino del Espíritu. En otras palabras, el bautismo en agua es un acto simbólico, una imagen de lo que el Espíritu hizo en el ámbito invisible. Así, el bautizo en el agua no salva. Dios nos salva al ponernos en Cristo por el camino de Su Espíritu Santo después de que nos arrepentimos y creímos cuando estabamos depravados espiritualmente.

Entonces, ¿qué significa haber *"...sido bautizados en su muerte"* (Romanos 6:3)? Significa identificarse con Su muerte. Esta verdad se muestra claramente en 1 Corintios 10:2:

Y en Moisés todos fueron bautizados en la nube y en el mar; (1 Corintios 10:2)

La nación de Israel fue bautizada *"en Moisés"* mientras saliendo de Egipto, significando que fueron identificados con Moisés su líder. ¿Puedes ver como la palabra *"bautizados"* en este caso puede significar identificación en vez del acto de bautismo en el agua? Algunos preguntarían, "si no estábamos vivos cuando Cristo murió, ¿cómo pudimos haber *"sido bautizados en su muerte"*? El diagrama siguiente provee la respuesta.

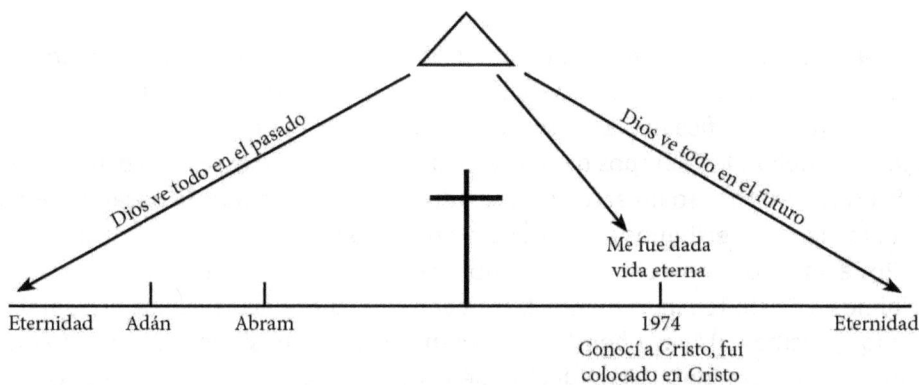

Cuando fuimos *"bautizados"* en Cristo por el poder del Espíritu Santo (1 Corintios 12:13), simultáneamente recibimos vida eterna. Como sabes, vida eterna no tiene ni principio ni fin. Consecuentemente, cuando el Espíritu Santo nos bautizó en Cristo y recibimos vida eterna, el Padre nos ve como si siempre estuvieramos en Cristo. Él continuará viendonos así por toda eternidad. ¿Entendiste esto? Por si no, lo entendiste déjame repetirlo. Cuando el Espíritu Santo nos bautizó en Cristo y recibimos la vida eterna, el Padre nos vio como si siempre fuéramos en Cristo. No solo esto, pero continuará viendonos así por toda la eternidad. Lo creas o no, la manera en que Dios nos ve es la realidad. Esto explica como podríamos haber estado en Cristo cuando fue clavado a la cruz, cuando fue enterrado, cuando fue resucitado. Toda esta transformación maravillosa ocurrió como resultado de recibir la clase de vida de Cristo, vida eterna, en el momento de la justificación. Recuerda esta verdad mientras continuamos el estudio.

En Romanos 6:4, Pablo escribe que *"...hemos sido sepultados con Él por medio del bautismo para muerte..."* Para entender el significado de la declaración de Pablo, debemos considerar lo que discutimos en los párrafos de antes. La frase, *"sepultados con Él por medio del bautismo para muerte,"* quiere decir simplemente que hemos sido identificados con la *"muerte"* de Cristo. Porque hemos sido puestos (bautizados) en Cristo por el camino del Espíritu y el Padre nos percibe como si siempre hubiéramos estado en Cristo, nuestra muerte, nuestro entierro, y nuestra resurrección con Cristo son realidad. Como resultado, podemos andar *"en novedad de vida,"* la *"vida"* de Cristo resucitado, una vida vivida desde la perspectiva de Dios y por Su poder (v.4).

Ahora entendemos como pudiéramos haber estado con Cristo cuando murió (v.3), cuando fue sepultado (v.4), y cuando fue resucitado (v.4). De hecho, Efesios 2:4-6 dice:

> *...Dios...nos dio vida juntamente con Cristo... y con Él nos resucitó, y con Él nos sentó en los lugares celestiales en Cristo Jesús,* (Efesios 2:4-6)

Nota el tiempo pasado que se usa en Efesios 2:4-6. También, no pases por alto que todos estos cambios ocurrieron como resultado de nuestra colocación *"en Cristo Jesús."*

Romanos 6:5 ahora debe tomar vida. Dice, *"...hemos sido unidos a Él* [a Cristo] *en la semejanza de su muerte..."* Pablo no termina aquí. Continúa escribiendo: *"ciertamente lo seremos también en la semejanza de su resurrección."* Sí, en algún momento en el futuro cada uno de nosotros recibirá un cuerpo glorificado. Pero ¿es posible que Pablo diga que podemos vivir en el poder de Cristo resucitado ahora mismo? ¡Esto es precisamente lo que dice!

El viejo hombre crucificado

Es hora para discutir la cima de nuestra lección. En Romanos 6:6, observamos *"que nuestro viejo hombre,"* que heredamos de Adán, *"fue crucificado con* Él (Cristo)." ¡Qué tremendo verso! ¡Eso significa que el hombre que yo era *"fue crucificado"*! ¿Entiendes eso? ¡*"Crucificado"*! También, los tiempos de los verbos muestran que este acto ocurrió en el pasado, en la cruz, y es por eso un acto completado. Este cambio podría pasar debido a la clase de vida, vida eterna, que recibimos al ser puesto en Cristo (hablamos de esto anteriormente en la lección). Por esta razón, y muchas otras, creo que el *"viejo yo"* fue erradicado completamente cuando recibimos a Cristo (cuando fuimos justificados). Refiere al diagrama circular 4.

Algunos perciben el *"viejo hombre"* (Romanos 6:6) como si fuera <u>declarado</u> muerto por Dios, pero viviera en el creyente. Para decirlo de otra manera, piensan que Dios solo finje que el viejo yo esté muerto debido a que ellos creen que está vivo, pero herido. Afirman, por eso, que el *"viejo hombre"* (Romanos 6:6) solo está muerto posicionalmente- que hay que manejarlo hasta la muerte física, momento en que sea erradicado. Lo que Pablo dice aquí es prueba contundente de que tal situación es imposible. Sin duda, el *"viejo hombre"* (Romanos 6:6) fue erradicado en el momento de la justificación (cuando recibimos vida eterna), porque murió en la cruz con Cristo.

La batalla que toma lugar dentro de cada creyente no se puede negar. Pero ¿quiénes son los participantes en la batalla? ¿Es el conflicto entre el viejo yo y el nuevo yo, o puede ser entre el nuevo yo y el poder del pecado? La segunda es la respuesta correcta, porque dos versículos además de Romanos 6:6 hablan de la muerte y la erradicación del *"viejo hombre."* Colosenses 3:9 dice claramente que *"el viejo hombre"* ha sido *"desechado"* (erradicado):

> *No mintáis los unos a los otros, puesto que habéis <u>desechado al viejo hombre</u> con sus malos hábitos* (Colosenses 3:9)

No hay causa de debate aquí. Examinemos próximo Efesios 4:22:

*que en cuanto a vuestra anterior manera de vivir, os despojéis del viejo hombre,
que se corrompe según los deseos engañosos* (Efesios 4:22)

La expresión de Efesios 4:22 parecía indicar (al exterior, por lo menos) que el viejo hombre no está despojado completamente. En ese caso, Efesios 4:22 contradiría Romanos 6:6 y Colosenses 3:9. Mientras buscaba una respuesta a la contradicción aparente, descubrí el versículo en la traducción Palabra de Dios para Todos. Esta lo traduce así:

"Se les enseñó a dejar atrás la forma de vida que llevaban antes..." (Efesios 4:22)

Así, Romanos 6:6, Colosenses 3:9 y Efesios 4:22 están de acuerdo. Las palabras de Pablo en Gálatas 2:20 están de acuerdo también, porque colocan la crucifixión del viejo yo (viejo hombre) en el pasado, nunca para ser repetido:

"Con Cristo <u>he sido crucificado</u>, y ya no soy yo el que vive, sino que Cristo vive en mí, y la vida que ahora vivo en la carne, la vivo por fe en el Hijo de Dios, el cual me amó y se entregó a sí mismo por mí." Gálatas 2:20

Esta verdad puede proveer ánimo increíble durante épocas de batallas intensas, como veremos después.

También leemos en Romanos 6:6:

sabiendo esto, que nuestro viejo hombre fue crucificado con Él, para que nuestro cuerpo de pecado fuera destruido... (Romanos 6:6)

La frase, *"cuerpo de pecado,"* es muy interesante. El Diccionario Expositivo de Palabras Del Antiguo y Nuevo Testamento Exhaustivo de Vine lo define así:

"principio o poder director... poder organizado actuando por medio de los miembros del cuerpo."[iii]

En unir esto con el hecho que *"destruido"* quiere decir "hecho incapaz," o "hecho inactivo," podemos concluir que el *"cuerpo de pecado"* (poder de pecado) ha sido "hecho incapaz," o "hecho inactivo," debido a que el *"viejo hombre"* ha sido erradicado. ¡Qué liberador! Por eso, no es natural ceder a la influencia del poder del pecado. Sí, pecaremos mientras vivimos en nuestros cuerpos terrenales, pero cada acto de desobediencia será un acto antinatural. ¡Con razón la última frase de Romanos 6:6 dice, "a fin de que ya no seamos esclavos del pecado!" Romanos es un gran libro, ¿verdad?

Romanos 6:7 Preguntas

Primer Día

1. Lee Romanos 6:1-7. No olvides pedirle sabiduría al Señor. En Romanos 6:7, vemos la frase *"porque el que ha muerto ha sido libertado del pecado."* Sí, hemos sido liberados para siempre del dominio del poder del pecado, un hecho que se verificará muchas veces mientras continuamos. Se requiere un desvío, sin embargo, para determinar si hemos sido liberados del <u>castigo</u> del pecado. Hay que entender el número de pecados (actos de pecado) que fueron perdonados en el momento de justificación. Vamos a usar esta semana para investigar el tema, así que prepárate para un viaje interesante.

2. Revisa algún versículo que te ayudaría en estudiar el tema del perdón. Escribe tu comentario aquí.

Segundo Día

1. ¿Cómo se relacionan los siguientes versículos al grado de que el creyente es perdonado? Efesios 4:32; Colosenses 2:13; 1 Juan 2:12; Hebreos 9:26, 9:28; Judas 24

Tercer Día

1. ¿Cómo se relacionan Hebreos 10:10, 10:12, y 10:14 con lo que estudiamos sobre el perdón? ¿Dónde y cuándo tomó lugar esta *"ofrenda"*?

2. ¿Qué se requeriría de Jesús si el perdón fuera un proceso de desarrollo (diariamente) en la vida de un creyente? En otras palabras, ¿qué necesitaría hacer Jesús si el pecado que cometí hoy fuera perdonado cuando lo confieso? Analiza profundamente antes de anotar tu respuesta.

Cuarto Día

1. Si Dios perdonó tus pecados pasados, presentes, y futuros en el momento de la justificación (cuando fuiste puesto en Cristo después de arrepentirte y creer cuando estabas depravado espiritualmente), es posible que 1 Juan 1:9 enseñe que debes pedir perdón cada vez que peques? Si no, ¿qué nos dice 1 Juan 1:9 sobre el perdón?

2. Mientras consideras como responder a la siguiente pregunta, recuerda que debemos interpretar la Escritura en base al contexto en que fue escrito. ¿Enseña Mateo 6:12, una porción del Padre Nuestro, que un creyente neotestamental debe, en una base en desarrollo, buscar <u>perdón</u> por los pecados cometidos <u>después</u> de ser salvado? En otras palabras, ¿enseña Jesús que los pecados que cometes como creyente son perdonados cuando los confieses? Si no, ¿por qué no?

Quinto Día

1. Si todo pecado pasado, presente, y futuro es perdonado en el momento de justificación, ¿cómo se deben manejar los pecados cometidos después de la justificación?

2. Escribe una oración de confesión. ¿Cómo aplica el arrepentimiento aquí?

Sexto Día

1. ¿Cómo se relacionan Colosenses 2:13-14 y nuestro tema?

2. Si somos perdonados de todo pecado pasado, presente, y futuro en el momento de la justificación, ¿sufriremos "consecuencias" en esta vida de los pecados cometidos mientras somos creyentes? Lee Colosenses 3:25 para ayuda, y ten en mente que el libro de Colosenses fue escrito a creyentes.

3. ¿Cuál es la verdad más importante que estudiaste esta semana?

Romanos 6:7 Lección

El perdón completo

No puedo esperar a cubrir la lección de esta semana. Si lo que se enseña aquí afecta tu vida en la manera que ha afectado la mía, ¡vas a gozarlo mucho!

La gran noticia es que hemos sido liberados del poder del pecado por nuestra muerte con Cristo en la cruz:

porque el que ha muerto, ha sido libertado del pecado (Romanos 6:7)

El *"viejo hombre"* (naturaleza Adámica) ha sido *"crucificado"* (Romanos 6:6), y somos libres para decir "no" a algún pensamiento que el poder del pecado envíe a nuestra mente. El mensaje de Pablo es que ningún hombre "crucificado" pueda responder a ningún estímulo. Consecuentemente, porque el *"viejo hombre,"* quien por su naturaleza quería pecar, es erradicado, no puede responder a las mentiras del poder del pecado. El nuevo hombre, quien por la naturaleza quiere la justicia, puede, por eso, rechazar cualquier pensamiento mentiroso del poder del pecado. Algunos preguntan, "¿Porque continúan pecando los creyentes?" Se provee la respuesta en las lecciones siguientes, pero se requiere un desvío antes de continuar.

Como fue dicho antes, no somos esclavos al <u>poder</u> del pecado. Después de todo, nuestro *"viejo hombre"* fue erradicado en la cruz (Romanos 6:6-7). Pero ¿somos liberados también del <u>castigo</u> del pecado? En otras palabras, ¿cuántos de nuestros actos de pecado fueron perdonados cuando fuimos hechos nuevo en Cristo? ¿Sólo fueron perdonados nuestros pecados pasados? O ¿también fueron perdonados nuestros pecados futuros? Hay que resolver este tema para siempre, porque no se puede obtener una vida victoriosa sin entendimiento completo de la profundidad del perdón de Dios. Usaré terminología que será algo extraño mientras procedemos a la lección de hoy. Entiende lo que puedas y deja lo demás para después. Con el tiempo, todo tendrá sentido.

Las preguntas de esta semana trataron del perdón. Se refirieron a versículos como Efesios 4:32; Colosenses 2:13; Hebreos 9:26, 10:10, 10:14; y 1 Juan 2:12. Si has estudiado griego, por favor toma el tiempo para estudiar los tiempos de los verbos en los pasajes. Estarás sorprendido en cuanto se usa los tiempos aoristo y perfecto. ("Aoristo" es un término griego que en esta instancia indica acción en el pasado.) Este nos dice que el perdón tenía que tomar lugar en el pasado, en un momento específico- la cruz.

Usaremos lo que hemos aprendido en las lecciones anteriores y relacionarlo con la verdad de esta semana. Cuando aceptamos a Cristo, somos colocados en Cristo (1 Corintios 12:13; 2 Corintios 5:17). Recibimos vida eterna, y Dios nos ve como si siempre estuvieramos en Cristo, y como si siempre fuéramos santos, perfectos, completos, perdonados e inocentes. Somos producto acabado en los ojos del Padre. Esta transformación completa ocurrió en el momento de la justificación. Simple, ¿no?

El perdón, entonces, <u>no</u> es nada que hay que recibir en una base en desarrollo. Cristo necesitaría ser crucificado de nuevo cada vez que pequemos si el perdón ocurre por medio de pedirlo. Recuerda que Hebreos 10:10 dice:

*Por esta voluntad hemos sido santificados mediante la ofrenda del cuerpo de
Jesucristo ofrecida de una vez para siempre.* (Hebreos 10:10)

El cuerpo de Cristo fue ofrecido una vez, nunca para ofrecerse de nuevo. Así, todo
perdón está completo cuando la sangre de Cristo inicialmente es aplicada a nuestra vida. Esta
clemencia total es lo que significa la justificación; permite que el Padre nos haga santos, sin
culpa y perdonados. No somos obligados a buscar perdón por los pecados hechos después de la
salvación. De hecho, vivimos en un estado de perdón.

Pero así, el cuento no está completo. Sí, nada más se requiere pedir perdón cuando
pequemos, pero sí se requiere confesar el pecado después de cometerlo. Confesar significa
decir la misma cosa sobre el pecado que Dios dice sobre el pecado- llamarlo "pecado" ante Él. El
arrepentimiento es un cambio de actitud que involucra ambos a renegar del pecado y acudir a
Dios (2 Corintios 7:9-10). Así, se requiere confesar y arrepentirse de los pecados cometidos
después de la salvación (justificación), no para recibir perdón, pero para restaurar comunión con
el Padre. Somos seres eternos quienes han sido perdonados eternamente. ¿Por qué nos
requeriría Dios pedir algo que ya tenemos? Esta situación sería completamente poco racional.

¿Te has preguntado por que Dios nos requiere confesar y arrepentir si nuestros pecados
todavía son perdonados? Es porque el pecado rompe nuestra comunión con Dios- y Dios nos
creó para comunión. Cuando pecamos, la comunión rota es nuestro problema- no el problema
de Dios. Dios resolvió Su lado del problema en la cruz. Consecuentemente, Él espera (en su
misericordia y gracia) hasta que nos arrepintamos y confesemos, y en ese momento la
comunión se restaura.

Confesión puede ser buena en otras maneras, también. Por ejemplo, una pareja joven
me pidió ayuda antes del matrimonio. Querían quedarse puros hasta el día de la boda, pues
estaban preocupados suficientemente de hacer algo completamente radical. Sugirieron que les
preguntara (en una base semanal) si guardaron las reglas que establecieron para su relación.
Yo estaba de acuerdo, y lo que pasó fue muy favorable. Ambos dijeron que su relación creció
como resultado de su decisión, y que su responsabilidad conmigo fue gran motivación quedarse
puros. ¿Por qué esa responsabilidad ante mí proveyó incentivo a quedarse puros? Se dieron
cuenta que ceder requeriría una confesión cara a cara conmigo. ¿Entiendes lo que digo? Dios
sabe que la responsabilidad de confesar nos estimula a decir "no" a la tentación. Así, Dios usa la
confesión y el arrepentimiento para nuestro bien- para mejorar nuestro deseo de andar en la
justicia.

Conclusión: debemos confesar y arrepentirnos de los pecados por dos razones: (1) para
tener comunión restaurada con el Padre y (2) para motivarnos a rechazar la tentación de ceder a
la vida de Cristo dentro de mí (Romanos 5:10).

Algunos creen que después de la salvación (justificación), somos perdonados por cada
pecado cometido cuando pedimos perdón. Un versículo usado para apoyar esta idea es 1 Juan
1:9, que de hecho no revela nada sobre cuando los pecados de un creyente son perdonados- es
decir, los pecados cometidos después de la salvación.

*Si confesamos nuestros pecados, Él es fiel y justo para perdonarnos los pecados y
para limpiarnos de toda maldad.* (1 Juan 1:9)

Los verbos *"perdonarnos"* y *"limpiarnos"* son infinitivos, e infinitivos no indican tiempo. [Los verbos en el griego son en el subjuntivo, y tampoco el subjuntivo indica tiempo.] El indicativo indica <u>tipo</u> de acción, pero no <u>tiempo</u> de acción; pues 1 Juan 1:9 no puede enseñar que los creyentes se requieren pedir <u>perdón</u> por pecados permitidos después de la salvación. Si los pecados tuvieron que ser perdonados después de la salvación, los santos iglesiales quienes murieron con pecado no confesado entrarían el cielo con pecados no perdonados. ¡Imposible! Por mi parte, mientras más ando con Cristo, más encuentro áreas escondidas de inmadurez y desobediencia- una condición que permanecerá hasta la muerte física. Así, hay que lidiar con todo lo del perdón en el momento de la justificación. ¿De cuál otra manera pudiera Dios aceptarnos en Su familia?

Otro versículo que <u>parece</u> indicar que debemos pedir perdón por pecados cometidos después de la salvación (justificación) es Mateo 6:12. Este versículo es muy familiar porque se incluye en el Padre nuestro. Aquí Jesús dijo:

> *Y perdónanos nuestras deudas, como también nosotros hemos perdonado a nuestros deudores.* (Mateo 6:12)

Al principio, parece que el Señor enseña a <u>todos los creyentes</u> a pedir perdón después de cometer pecado. Antes de concluir esto, debemos considerar una pregunta importante. ¿Dijo esto Jesús antes de o después de la cruz? Es obvio que lo hizo antes de Su crucifixión y que el perdón todavía no había tomado lugar. De hecho, aprendimos previamente en el estudio que ningún sacrificio del antiguo testamento removió el pecado (Hebreos 10:4, 11); solo cubrieron el pecado para servir como expiación por el pecado. Porque hay que interpretar la escritura desde el contexto en que fue escrito, Mateo 6:12 no es excepción. Jesús habló con individuos que vivieron antes de la cruz, y esto significa que su perdón ocurriría en el futuro. Tenían razón, por eso, pedir perdón. Las cosas cambiaron después de la cruz, porque tenemos el privilegio que todo pecado fue quitado en el pasado. Por favor, no imagines que yo diga que las enseñanzas de Jesús son anticuadas o irrelevantes. Simplemente trato de comunicar que se debe interpretar toda escritura dentro de su contexto, aún la enseñanza de Jesús.

Para entender <u>cuando</u> los pecados de un creyente son perdonados, es sensato considerar pasajes como 1 Juan 2:12:

> *Os escribo a vosotros, hijos, porque vuestros pecados os han sido perdonados por Su nombre.* (1 Juan 2:12)

Aquí se usa la frase *"os han sido perdonados,"* en el indicativo, y el indicativo sí puede expresar el tiempo. También es el pretérito perfecto, lo cual indica acción en el pasado cuyo resultado <u>continúa al presente</u>. Efesios 4:32, Colosenses 2:13, Hebreos 9:26, Hebreos 9:28, Hebreos 10:10, Hebreos 10:12, Hebreos 10:14 y Judas 24 y otros pasajes también indican que el pecado fue resuelto cuando Jesús murió. Podemos concluir, por eso, que cuando la sangre de Cristo se aplicó a nuestra vida, en el momento de la justificación, el perdón fue exhaustivo y completo.

Debemos recordar esta buena noticia. De hecho, debemos renovar nuestra mente con esta verdad en una base continua. Las siguientes frases resumen lo que ha sido expresado. 1. Cuando fuimos perdidos (depravados espiritualmente), nos arrepentimos y creemos. Era entonces que Dios nos salvó por medio de erradicar el *"viejo hombre"* y entonces perdonó nuestro pecado.

2. En el momento de la salvación (justificación), nuestros pecados pasados, presentes y <u>futuros</u> fueron perdonados. También nos fue dada vida eterna y fuimos convertidos a seres eternos. Como resultado, Dios nos ve como si estuvieramos siempre en Cristo y como si fuéramos siempre perdonados. De hecho, vivimos en un estado de perdón. Esto es lo que significa la justificación: Ser perdonados e inocentes por toda la eternidad.

3. Después de que somos salvados (justificados), continuamos confesando y arrepentiéndonos del pecado. Lo hacemos, sin embargo, con el entendimiento que nuestro pecado es perdonado <u>antes</u> de decirlo al Padre. Debemos constantemente recordar que Dios perdonó todo pecado (pasado, presente, y <u>futuro</u>) en el momento de la justificación, después de que nos arrepentimos y creimos cuando estabamos depravados espiritualmente. El propósito de confesar y arrepentirse después de la salvación es restaurar la <u>comunión</u> con el Padre, no para recibir perdón.

4. Después de entender esta verdad maravillosa, debemos ser menos propensos a albergar el pecado sin confesarlo. De hecho, debemos ser motivado para ir al Padre con prisa al instante en que desobedezcamos, dándonos cuenta de que nos recibirá con brazos abiertos (Hebreos 4:14-16). Da libertad ¿no? saber que después de que nazcamos de nuevo no confesamos el pecado para el propósito de recibir perdón, pero que la confesión restaura la comunión.

Entender esta verdad transforma la manera en que se percibe la vida. De hecho, nuestro amor por Cristo se hace la motivación para servir- no el deber ni la ley. Su corazón se hace nuestro tesoro, no el temporal que se disipa. Nuestra pasión para andar en comunión constante con Dios se hará nuestra motivación para vivir. Es entonces que el mundo verá a Jesús en y por nosotros, y con esperanza, querrá conocer este Dios maravilloso, cariñoso y perdonador quien es nuestra vida.

¡Gracias a Dios por su don inefable!

Las preguntas de la semana que viene tratan de la batalla espiritual, pues prepárate para un paso interesante.

Romanos 6:8-11 Preguntas y Lección

Primer Día

1. Lee Romanos 6:1-11. Romanos 6:8 dice que *"...hemos muerto con Cristo..."* –recuerda que fue nuestro viejo yo (naturaleza Adámica, viejo hombre, espíritu muerto, o naturaleza pecaminosa) quien murió con Él. Usa lo que discutimos recientemente y describe como *"hemos muerto con Cristo."*

2. Versículo 8 también dice que *"también viviremos con Él."* ¿Cuáles pensamientos tienes mientras consideras vivir con Jesús? ¿Cómo puede ayudarnos pensar en nuestro hogar eterno mientras tenemos circunstancias difíciles?

3. Discutimos esta idea antes en el estudio, pero no hay problema con recordar. Cristo fue *"resucitado de entre los muertos"* (v.9). ¿Cuál es la importancia de Su resurrección en nuestra fe (lee 1 Corintios 15:12-19 por ayuda)? No es extraño que los enemigos de Dios intenten refutar la resurrección.

4. En versículo 9, entendemos que Cristo *"no volverá a morir."* ¿Cómo se confirma que el perdón está completo cuando la sangre de Cristo se aplicó inicialmente al creyente?

Segundo Día

1. ¿Recuerdas orar pidiendo sabiduría? Lee Romanos 6:1-11. En versículo 10, leemos que Cristo *"murió al pecado."* Como confirmamos antes, también murió por el pecado. Sin duda, la sangre de Jesús era el medio por el cual fuimos perdonados. Sabemos que Su cuerpo fue el medio por el cual nuestra naturaleza pecaminosa fue erradicada. Quizás quieres meditar en este pensamiento unos minutos. Se debe considerar algo más. Cuando Jesús permitió que el hombre le clavara a la cruz, también murió al poder del pecado (el agente de Satanás) quien le atacó mientras Él se sometía a la voluntad del Padre. De hecho, toda su vida se consideró muerto al poder del pecado. Si esto no era la verdad, habría pecado, y de paso habría perdido derecho a ser el Salvador. Escribe cualquier pensamiento aquí.

2. Versículo 10 dice que Jesús *"vive para Dios."* ¿Cómo pueden animarnos a vivir en la misma manera los principios enseñados en Romanos 12:1 y Gálatas 2:20?

Tercer Día

1. Lee Romanos 6:1-11. Revisa los diagramas circulares 3 y 4 (*Hombre sin Cristo* y *Hombre con Cristo*). Esta semana discutimos el lado práctico de como funcionamos mientras estudiamos el diagrama circular 5, *La manera en que funcionamos*. Descubriremos que el hombre está formado de tres partes: cuerpo, alma y espíritu. El alma incluye la mente, las emociones y la voluntad; piensas con la mente, sientes con las emociones, y eliges con la voluntad. Debes notar que el cerebro es parte del cuerpo y que tus hábitos son archivados en el cerebro. Se representan estos hábitos con líneas dibujadas en el cerebro. Algunos hábitos son más grandes (más fuertes) que otros, y este explica la diferencia en su anchura. Asegúrate de entender lo que se discute aquí antes de continuar. Escribe tu comentario aquí.

2. Usando diagrama circular 5 como ayuda visual, vamos a discutir como funcionamos. Supon que le temes a los ratones. Si tienes miedo de estos monstruos feroces, un hábito, que te causa responder irracionalmente a la presencia de ellos, se forma en el cerebro, que es un trozo de carne. De hecho, cuando tu ojo ve una de estas criaturas feroces, la información viaja por el nervio óptico al cerebro. Entonces, el cerebro procesa la información y da entrada a la mente. En este momento, se hace muy interesante. Porque la información dada al cerebro tiene que ver con ratones, y porque un hábito grande y negativo que pertenece a ratones es archivado en el cerebro, la información que sale del cerebro y entra a la mente, causa que cosas extrañas ocurran en el alma. De hecho, cuando la mente recibe esta información del cerebro, las emociones se despiertan automáticamente. Ambos la mente y las emociones dan entrada a la voluntad. En este momento, la voluntad elige operar el cuerpo rápidamente y moverlo velozmente fuera del peligro latente. Al fin, ¡está seguro! Estudia el diagrama hasta que lo entiendas completamente y escribe tus pensamientos aquí.

3. ¿Entiendes cuánto puedes ser controlado por lo que ves, tocas, saboreas, oyes, y hueles? Entonces ¿Por qué debes guardarte los sentidos de la influencia impía? ¿Puedes recordar algunos versículos que hablan de guardar tu mente de lo que es dañino? Escribe tus pensamientos aquí.

Cuarto Día

Observa diagrama circular 6, *Como se vence el poder del pecado.* Este diagrama muestra cómo se vence el poder del pecado (el mensajero o agente de Satanás) cuando andas en el espíritu de Dios. Pablo dice, *"consideraos muertos para el pecado, pero vivos para Dios en*

Cristo Jesús" (Romanos 6:11). Sin duda, eres perdonado de tus actos de pecado y liberado del castigo de estos pecados si eres nacido de nuevo. Ahora que vives *"en Cristo,"* puedes también vencer el poder del *"pecado."* De hecho, porque Jesús venció el poder del pecado y ahora vives en Él (2 Corintios 5:17) y Él en ti (Gálatas 2:20), puedes considerarte muerto *"para el pecado,* [muerto al poder del pecado] *pero"* vivo *"para Dios en Cristo Jesús"* (v.11).

Discutamos como se experimenta la situación en un sentido práctico. Por ejemplo, ¿qué pasa si luchas con depresión, especialmente cuando está nublado? En este caso, un hábito que se relaciona con este comportamiento ha sido formado en tu cerebro. ¿Cómo crees que se formó este habitó? Se formó por medio de creer repetidamente la mentira del poder del pecado. Por eso, el *"pecado"* usará el estímulo (nubes) para intentar de arruinar el día (diagrama circular 6) enviando mensajes a tu mente como, "Siempre me siento deprimido los días nublados. Yo pienso en quedarme en cama hasta que este sentimiento pase," o "Yo no pienso que pueda sobrevivir este día." ¿Notaste el uso del pronombre "yo"? La meta que tiene el pecado es engañarte para que creas que el pensamiento, que es mentira, es la verdad. De hecho, cuando envía el mensaje a tu mente por el hábito impío en el cerebro, cuando la mentira entra a tu mente, suena como si tú lo generaras. Por esto, la voz que oyes es idéntica a tu voz, incluyendo el acento y el dialecto. Aquí es donde Romanos 6:11 se ve. Inmediatamente, puedes sustituir la mentira con la verdad considerándote *"muerto"* a lo que acabas de oír. Lo puedes hacer sólo porque el *"viejo hombre,"* quien creó consistentemente la mentira del pecado, ha sido erradicado (Romanos 6:6). Sí, porque el nuevo yo se sustituyó por el viejo yo, tú, el nuevo yo, has sido *"libertado del* [poder del] *pecado"* (Romanos 6:7). Ve al diagrama circular 6 y lee lo que se escribe al fondo de la página sobre hábitos impíos y el poder del pecado. Nota: el poder del pecado no puede entrar a tu mente ahora que eres creyente; son los pensamientos de pecado que entran a tu mente. El poder del pecado envía mensajes a tu mente por medio de los hábitos impíos en el cerebro.

El objetivo del poder del pecado es engañarte para que respondas a sus mentiras. La única manera en que estos pensamientos (mentiras) pueden ser vencidos es por medio de la verdad de la palabra de Dios. Mateo 4:3-11 valida este principio, porque Jesús procesó pensamientos malos sin pecar. Después de todo, para responder a Satanás como Él le respondió, tenía que procesar las mentiras de Satanás, proveyendo que un pensamiento no se convierte a ser un acto de pecado hasta que lo creamos y actuemos como corresponde.

Podemos responder al poder del pecado de manera similar. Cuando los pensamientos bombardean la mente, debemos usar la verdad inmediatamente. La primera cosa es recordar que *"...el viejo hombre fue crucificado..."* (Romanos 6:6), porque esto sirve para recordar que pecar nunca más es acto natural. Aunque cometeremos actos de pecado siempre y cuando vivamos en cuerpos terrenales, pecar no es natural porque tenemos una naturaleza nueva. Recuerda la ilustración del gato. Segundo, debemos considerarnos *"muertos"* a los pensamientos del pecado *"pero vivos para Dios en Cristo Jesús"* (Romanos 6:11). Para responder en esta manera, simplemente decimos, "Estoy muerto a esta mentira que está en mi mente, y tomo la autoridad sobre él en el nombre de Cristo." En este momento, debemos ceder a la verdad enviada a la mente por medio del Espíritu, la verdad que se relaciona con nuestra situación específica. Esta verdad, fortalecida por el Espíritu Santo, anula el pensamiento malo y somos inmediatamente rescatados.

Como probablemente sabes, es más fácil hablar de esta respuesta piadosa que experimentarla en la vida cotidiana. Tendremos muchas oportunidades para usar lo que aprendemos porque Dios no nos enseña para que la verdad se quede dormida. Nos prepara para la guerra espiritual, pues ¡mantente alerta!

Escribe algún pensamiento nuevo aquí.

Tomamos un momento para discutir las emociones al referirnos al diagrama circular 6, *Como se vence el poder del pecado.* Cuando el poder del pecado intenta a estimular la depresión (enviando pensamientos negativos a la mente atravéz los hábitos negativos en el cerebro), las emociones responden inmediatamente. Empezaremos a <u>sentirnos</u> deprimidos, especialmente en días nublados, como indica el diagrama. La clave en tal momento es considerarnos *"muertos"* a estos pensamientos (Romanos 6:11) y *"vivos"* a la verdad, verdad como Salmo 118:24:

> *Este es el día que el Señor ha hecho, regocijémonos y alegrémonos en él.* (Salmo 118:24)

Por la fe, que es un elemento de la mente, y también con el Espíritu Santo quien nos fortalece, podemos elegir poner la mira en la verdad. También podemos forzar que la voluntad acepte lo que dice la mente y rechazar lo que dicen las emociones, aun cuando las emociones están completamente fuera de sintonía con la realidad. Esto significa que, mientras andamos en el Espíritu, muchas veces actuamos de una manera mientras sentimos de otra. En otras palabras, si no permitimos que las emociones controlen nuestro comportamiento, frecuentemente responderemos de una manera obediente mientras nos sentimos deprimidos. La buena noticia es que las emociones eventualmente se calmarán, y los hábitos que una vez nos incapacitaron se harán manejables. De hecho, el Señor reduce enormemente el poder de los hábitos negativos mientras maduramos al andar con Él. Nota: es maravilloso cuando las emociones están de acuerdo con la realidad, pero estas epocas son normalmente cortas en duración y no se puede anticipar que será lo normal.

Debemos recordar que no se puede confiar en las emociones, especialmente durante los momentos de guerra espiritual intensa. Si elegimos andar al contrario de como sentimos, el poder del pecado tratará de convencernos que no somos nada más que hipócritas. Para ser fuertes, debemos entender que muchas veces responderemos positivamente a la verdad mientras tenemos ganas de hacer lo contrario. Esta batalla emocional es lo que Jesús se enfrentó en Lucas 22:44. En Getsemaní, Sus emociones estaban fuera de control, aun tanto que *"su sudor se volvió como gruesas gotas de sangre..."* Pero, puso la mirada en la verdad, le dijo a Su voluntad que ignore sus emociones, y se fue a la cruz en la fortaleza del Padre. En responder así, ¿era hipócrita? Claro que no, pero sabemos que el poder del pecado le dijo otra cosa.

Si podemos entender lo que estudiamos aquí, con la ayuda del Espíritu Santo, estaremos sorprendidos en la diferencia que hay en nuestra habilidad para perseverar en la fortaleza de Dios. Estudiaremos más sobre este tema en la lección de la semana que viene, así que no te desanimes si a tu entendimiento le falta algo. Lo entenderás pronto.

Quinto Día

Lee Romanos 6:1-11. Hoy, responderás a preguntas para recordar. Trata de responder a tantas de estas preguntas como sea posible. Diviértete, porque aprendemos a luchar las batallas espirituales con armas espirituales.

1. El hombre consiste en tres partes. Haz una lista de las tres partes. Haz una lista de las tres partes del alma.

2. ¿El *"viejo hombre"* constituye cuál parte del no creyente? ¿Qué es el *"viejo hombre"*? ¿Qué pasa con el *"viejo hombre"* cuando los depravados espiritualmente eligen a arrepentirse y creer? Según Romanos 6:6, ¿dónde murió? ¿Cómo puede ser esto?

3. ¿El nuevo yo (nuevo hombre) constituye cuál parte del creyente? ¿Qué es el nuevo yo? ¿Cómo ve Dios al nuevo yo?

4. ¿Dónde están archivados los hábitos? ¿Cuál es el poder del pecado? ¿Dónde vive el poder del pecado en un no creyente? ¿Dónde vive en un creyente? ¿Qué intenta activar en el cerebro?

5. ¿Qué proceso de pensamiento deberías usar, con la ayuda del Espíritu Santo, cuando los pensamientos malos entran en tu mente? Incorpora Romanos 6:6 y Romanos 6:11 en tu respuesta.

6. ¿Cómo entran en juego las emociones cuando se trata del poder del pecado? Si tu deseo es vivir piadosamente, ¿cómo deben funcionar juntas la mente y la voluntad cuando las emociones están fuera de control?

Sexto Día

1. Pídele al Señor que te ayude a reconocer las mentiras que el poder del pecado envía a tu mente durante los próximas 24 horas. Al fin del periodo de 24 horas, escribe las maneras diferentes en que el poder del pecado intentó engañarte. Aprendemos más sobre la guerra espiritual durante la semana que viene, espera a ser bendecido. ¡Vas bien!

Romanos 6:12-23 Preguntas

Primer Día

1. Lee Romanos 6:12-23. Vaya a la sección de consulta y examina diagramas circulares 7 y 8, *El pecado en control* y *espíritu en control*. Lee Romanos 6:12-13 para ver como se relacionan los diagramas circulares con estos versículos. Mientras lees, recuerda que la palabra *"pecado"* en Romanos 6:12 se refiere al poder del pecado. Escribe cualquier comentario aquí.

2. ¿Qué quiere decir Pablo cuando escribe, *"no reine el pecado en vuestro cuerpo mortal..."* (Romanos 6:12)? ¿Qué no has hecho cuando permites que el poder del pecado *"reine"* en tu *"cuerpo"*? ¿Cómo te sientes después de ser engañado por la mentira del pecado?

3. Describe lo que piensas cuando sientes que el *"pecado"* intenta reinar en tu *"cuerpo."*

Segundo Día

1. Lee Romanos 6:12-23. Romanos 6:13 dice que debemos presentarnos *"a Dios como vivos de entre los muertos."* ¿Cómo nos presentamos a Dios así?

2. ¿Cómo presentamos los *"miembros"* de nuestro cuerpo *"como instrumentos de justicia"* (Romanos 6:13)? El diagrama circular 8 te puede ayudar a responder.

Tercer Día

1. Lee Romanos 6:12-23. Según Romanos 6:14, el poder del *"pecado"* nada más tiene *"dominio"* sobre ti. ¿Por qué es así?

2. ¿Por qué ser liberado de la *"ley"* es ser liberado del dominio del poder del *"pecado"* (v.14)?

3. ¿Qué hace el poder del pecado cuando se expone a la ley? ¿Cómo se relaciona esta verdad con Romanos 5:20?

Cuarto Día

1. Lee Romanos 6:12-23. ¿Por qué incluye Pablo las preguntas que hay en Romanos 6:15? ¿Cómo responderías si alguien te pregunta, *"Pecaremos porque no estamos bajo la ley, sino bajo la gracia"*?

2. Según los versículos 15-16, ¿Cómo respondió Pablo a las preguntas hechas en la primera parte de versículo 15? ¿Qué te dice esto sobre la opinión de Pablo sobre el pecado (actos del pecado)?

3. Aunque somos perdonados, ¿todavía sufrimos consecuencias en esta vida cuando cometemos actos del pecado? Asegúrate referirte a Colosenses 3:25, 2 Pedro 2:19, y Romanos 6:16 antes de escribir la respuesta.

Quinto Día

1. Lee Romanos 6:12-23. Sin duda, éramos *"esclavos del pecado,"* antes de conocerle a Cristo (v.17); éramos en la condición ilustrada por diagrama circular 3. ¿Cómo afecta esto tu actitud hacia los perdidos?

2. ¿Qué te comunica la frase *"obedientes de corazón"* (v.17)?

3. Según Romanos 6:18, algo resultó cuando fuimos *"libertados del pecado."* ¿Qué resultó? ¿Cómo te anima esta verdad?

Sexto Día

1. Lee Romanos 6:12-23. Lee Romanos 6:19 con diagramas circulares 3 y 8 en mente. Escribe cualquier comentario aquí.

2. ¿Qué resulta cuando presentas tus *"miembros como esclavos a la justicia"* (v.19)?

3. ¿Qué quiere decir *"santificación"* en versículo 19? Estudiamos en semana 7 (Romanos 5:1) que un creyente neotestamental está santificado en el momento de la justificación, ¿no? ¿De qué tipo de santificación habla Pablo aquí? ¿Cómo se relaciona esto con Hebreos 10:14, que dice:

> *"Porque por una ofrenda Él ha hecho perfectos para siempre a los que son santificados."* (Hebreos 10:14 LBLA)

> *"Porque con un solo sacrificio ha hecho perfectos para siempre a los que está santificando."* (Hebreos 10:14 NVI)?

4. Toma lo que hemos discutido aquí y escribe lo que significa para ti Romanos 6:20.

5. ¿Qué nos dice Romanos 6:21 sobre la vida sin Cristo?

6. ¿Qué quiere decir ser *"siervos de Dios"* (v.22)? ¿Dijo Pablo algo de ser este tipo de siervo en Romanos 1:1? ¿Cómo se describió allí? Según Romanos 6:23, ¿cuál es la *"paga del pecado"*? ¿Cuál es la *"dádiva"* de Dios al hombre?, y ¿en quién se encuentra (v.23)?

Romanos 6:12-23 Lección

Liberado del poder del pecado

Esta semana verificamos que el creyente nada más es esclavo del poder del pecado. Espero que usaras diagramas circulares 7 y 8, *Pecado en control* y *Espíritu en control* mientras trabajabas en las preguntas de la semana.

Aprendimos primero que la palabra *"pecado"* en Romanos 6:12 se refiere al poder del pecado. También aprendimos que, si no somos cuidadosos, permitiremos que este poder *"reine"* en nuestro *"cuerpo."* Cuando esto ocurre, hemos creído la mentira del poder del pecado y respondido acorde a ella. Sí, el pecado puede reinar si rechazamos estar alertas (1 Pedro 5:8). Cuando permitimos que esta situación ocurra, debemos confesar nuestro pecado inmediatamente, poner la mente en la verdad, y andar en la verdad que el Espíritu da. Se requiere *"el bien"* para vencer *"el mal"* (Romanos 12:21), y nada puede vencer el poder del pecado con excepción de la verdad buena de la Palabra de Dios empoderada por el Espíritu Santo.

Mientras bajo ataque, debemos presentarnos nosotros *"mismos a Dios como vivos de entre los muertos"* (Romanos 6:13). Lo hacemos por saber que somos incapaces contra los ataques del enemigo. Después de admitir esto, cedemos a la única Fuente de liberación, *"Dios,"* Quien vive en nosotros. (Romanos 6:13). Porque somos sentados *"en los lugares celestiales en Cristo Jesús"* (Efesios 2:6), y el *"viejo hombre"* (naturaleza Adámica) es erradicado (Romanos 6:6), el poder del pecado es incapaz reinar en nuestra vida. Consecuentemente, los *"miembros"* físicos de nuestro *"cuerpo"* (manos, pies, ojos, etcétera) son libres para responder *"como instrumentos de justicia"* mientras nos presentamos *"a Dios"* (Romanos 6:13), el Creador Omnipotente. Este es lo que significa ser *"salvos por"* la *"vida"* de Cristo (Romanos 5:10), porque Jesús es Dios (Hebreos 1:8). De verdad, ¡que aventura hay para ellos que eligen la senda angosta!

Satanás quiere controlar nuestra mente, porque dentro de la mente mora la fe. Por eso, debemos guardar los pensamientos; el poder del pecado no duerme cuando se deja sin supervisión. Somos santos sagrados e inocentes. Aún sí, *"cuando la pasión ha concebido, da a luz el pecado"* (Santiago 1:15), *"pecado"* que hay que confesar para que la comunión se restaure.

En Romanos 6:14, Pablo verifica porque el *"pecado"* (el poder del pecado) nada más tiene *"dominio"* sobre un creyente. *"Pecado"* no tiene dominio porque no estamos *"bajo la ley sino bajo la gracia."* Sin duda, el poder del pecado responde en una manera interesante a la *"ley."* ¡Se fortalece! En otras palabras, su poder se intensifica. Así, antes de que fuéramos salvados, cuando más intentabamos cumplir la ley, más se fortaleció el poder del pecado. Finalmente, cuando la ley había cumplido su propósito, vimos nuestra necesidad de un Salvador cuando estabamos depravados espiritualmente, cedimos a Cristo, y fuimos justificados (salvados) por el Dios de la *"gracia."* Fue entonces que empezamos a vivir bajo la *"gracia"* y el poder que tenía el pecado fue roto. El poder del *"pecado"* todavía puede reinar en el *"cuerpo"* (Romanos 6:12), pero solo cuando somos descuidados. De hecho, cometemos actos de pecado porque elegimos pecar, no porque es natural que lo hagamos. Se discutirá este tema en más profundidad cuando estudiemos Romanos 7.

A continuación, Pablo presenta una pregunta que sus enemigos usaron frecuentemente:

¿Entonces qué? ¿Pecaremos porque no estamos bajo la ley, sino bajo la gracia?
(Romanos 6:15)

Los críticos de Pablo no solo rechazaron su teología, pero le acusaron dar a los creyentes permiso para pecar (muy similar a Romanos 6:1). Pablo otra vez usa la expresión fuerte griega, "¡*De ningún modo!*" (Romanos 6:15), mostrando que las acusaciones fueron sin fundación. Después de todo, escribió después (en Colosenses 3:25) que sufrimos consecuencias en esta vida de los pecados cometidos mientras somos creyentes. Pablo dice algo en Romanos 6:16 que resuelve el problema para siempre. Indica que, como creyentes, somos "*esclavos de aquel a quien*" obedezcamos, si es el "*pecado,*" que dirige a la "*muerte*" o "*la obediencia,*" que dirige a "*la justicia.*" Si "el pecado" trae "la muerte" ¿por qué predicaría Pablo un evangelio que promueve la desobediencia? No lo podía, y ese es su propósito. Nota: la palabra "muerte" como relaciona con creyentes, puede indicar la muerte física como en 1 Corintios 11:30 y otros pasajes similares. Puede también describir el vacío que experimentan los creyentes mientras andan en pecado no confesado. No se puede negar que el pecado puede causar que un creyente viva como si estuviera muerto por un tiempo, pero como en el caso con David, después de que se arrepiente y cree, se restaurará el placer por la vida.

Mientras estuvimos sin Cristo, éramos "*esclavos del pecado*" (Romanos 6:17). Amamos al pecado, disfrutamos el pecado, nos sumergimos en el pecado, pecamos en muchas maneras y en una variedad de ocasiones. Lo hacíamos porque fuimos el viejo yo, y pecar era tan natural como respirar. Esto no significa que fuimos incapaces de arrepentirnos y creer cuando estabamos depravados espiritualmente, sino que fuimos esclavos del pecado mientras rechazamos arrepentirnos y creer. Pronto, vamos a ver que nosotros como creyentes somos esclavos a la justicia, además pecamos a veces. Por eso, somos capaces de responder al contrario a nuestra inclinación más fuerte, un tema que se examinará en más profundidad en Romanos 7.

Pablo, en Romanos 6:17, continua por escribir, "*...os hicisteis obedientes de corazón...*" Algunos individuos quienes no fueron "*obedientes de corazón*" claman conocer a Cristo y son, por eso, perdidos. ¿Por qué es así? Todos que son nacidos del Espíritu de Dios reciben un nuevo "*corazón,*" una nueva naturaleza, y quieren obedecer a su Maestro. Como resultado, poseen una actitud transformada en relación con el pecado. Sin duda, una persona quién se ha hecho obediente "*de corazón*" experimenta un cambio radical en su estilo de vida.

Cuando nos hicimos "*obedientes de corazón*" (Romanos 6:17), fuimos "*libertados*" de ambos el poder y el castigo del "*pecado*" (Romanos 6:18). También nos hemos "*hecho siervos de la justicia*" debido a nuestra naturaleza nueva. Consecuentemente, los "*miembros*" de nuestro cuerpo deben comportarse más justamente- no como se comportaron antes de que fuéramos hechos nuevos (Romanos 6:19).

¿Notaste la última frase de Romanos 6:19 "*para santificación*"? Pablo dice que si presentamos los "*miembros*" del cuerpo "*como esclavos a la justicia*" (en una base en desarrollo), entonces la santificación resulta. Estudiamos en la semana 7 (Romanos 5:1), que nuestros espíritu y alma fueron santificados (hechos santos y perfectos) al momento en que fuimos justificados/salvados. ¿Es contradicción Romanos 6:19? ¡Claro que no! En versículo 19, Pablo dice que poco a poco experimentamos en el comportamiento lo que todavía ha tomado lugar en nuestro espíritu y alma. En otras palabras, empezaremos a comportarnos en una manera más santificada (santa) porque todavía hemos sido santificados en el alma y en el espíritu en el momento de la justificación/salvación. Hebreos 10:14 trata este tema tan bueno como cualquier versículo en las escrituras. Dice:

"*Porque por una ofrenda Él ha hecho perfectos para siempre a los que son santificados.*" (Hebreos 10:14 LBLA)

"Porque con un solo sacrificio ha hecho perfectos para siempre a los que está santificando." (Hebreos 10:14 NVI)

Nota que la palabra *"santificados"* en LBLA de hecho significa "siendo santificados." Por eso, la NVI dice, *"está santificando."* Sí, nuestra alma y espíritu son hechos perfectos en el momento de justificación, pero nuestro comportamiento *"está santificando"* en desarrollo. Así puedes ser perfecto y santo (santificado) en tu persona antes de que tu comportamiento se alinee con quien eres. Es maravilloso saber que Dios <u>no nos acepta con base en nuestra conducta</u>, y que lo que hacemos a veces (cuando cometemos actos del pecado) no es quienes somos. En otras palabras, si dices una mentira, <u>no eres</u> mentiroso. Eres santo quien dijo una mentira, porque actuaste en una manera no natural. Créeme, una diferencia tremenda existe entre estas dos mentalidades. De hecho, <u>lo que hacemos no es quienes somos, aunque quienes somos tiene un impacto tremendo en lo que hacemos.</u>

Estábamos sin justicia cuando fuimos perdidos (Romanos 6:20), no teníamos *"fruto... en aquellas cosas de las cuales ahora"* nos avergonzamos —nos avergonzamos muchísimo (Romanos 6:21). *"Pero ahora, habiendo sido libertados del pecado y hechos siervos de Dios,"* (ser siervo de Dios significa que quieres servirle con todo el corazón), tenemos el *"fruto"* de *"la santificación"* y *"la vida eterna"* (Romanos 6:22). ¡Qué buena noticia!

Como discutimos más temprano, ser *"siervso de Dios"* no significa que paramos de pecar ahora que somos creyentes. Pecaremos hasta la tumba, aunque fuimos *"libertados del pecado"* (Romanos 6:22) en el momento en que creímos. Consecuentemente, así como ser siervo *"de Dios"* no significa que cesé completamente responder a la influencia del poder del pecado, ni ser esclavo al pecado en mi estado perdido significó que fui incapaz de arrepentirme y creer através de la fe cuando estaba depravado espiritualmente. Asegúrate entender este párrafo antes de continuar.

Podemos ahora gritar con voz fuerte las palabras de Pablo en Romanos 6:23:

Porque la paga del pecado es muerte, pero la dádiva de Dios es vida eterna en Cristo Jesús Señor nuestro. (Romanos 6:23)

Sin duda, *"la paga del pecado es muerte,"* pero ¿notaste que *"la dádiva de Dios es vida eterna,"* y que esta *"vida"* se encuentra en *"Jesús"*? Debemos ser motivados, por eso, comunicar estas verdades maravillosas a todos los que escucharán. Sin embargo, debo advertirte. Dios debe enseñarte como decir lo que se trata aquí <u>antes</u> de que empieces a enseñar a otros. Muchos han salido en falso y sufrieron consecuencias horribles. Cuando estés listo, Dios te proveerá oportunidades abundantes para decir esta buena noticia a un mundo herido y muriendo.

Gozarás la lección de la semana que viene. Mostrará más del lado práctico de lo que hemos estado discutiendo. Goza tu día sin tarea, pero regresa listo para ser animado.

Romanos 7 Preguntas

No olvides pedirle entendimiento al Señor durante la semana. Las verdades en este capítulo pueden revolucionar completamente nuestra experiencia cristiana.

Primer Día

1. Lee Romanos 7:1-25. ¿Qué enseñan los versículos 1-4 sobre nuestra relación con *"la ley"*? ¿Cómo hemos quedado libres de *"la ley"*?

2. ¿Cómo se relacionan Gálatas 2:20 y Romanos 6:6 con Romanos 7:4?

Segundo Día

Lee Romanos 7:5. Es imperativo notar que la frase *"en la carne"* en La Biblia de Las Américas (LBLA) se interpreta *"naturaleza pecaminosa"* en la Nueva Versión Internacional (NVI). De hecho, la NVI toma la libertad de traducir la palabra *"carne"* (*sarx*) como "naturaleza pecaminosa" en Romanos 7:5, 7:18, 7:25, 8:3, 8:4, 8:5, 8:8, 8:9, 8:12, 8:13. La traducción correcta es *"carne."* La Reina Valera (1960), Jubilee Bible 2000, Nueva Biblia Latinoamericana de Hoy- aún Spanish Blue Red and Gold Letter Edition- usan *"carne"* en vez de "naturaleza pecaminosa." Sin duda, algunas copias de la NVI tienen la palabra "carne" en el margen, pero la mayoría de la gente no lee los márgenes. Así, muchos creyentes quienes leen Romanos 7 y 8 en la NVI creen que tienen dos naturalezas- ambos el viejo yo y el nuevo yo, ambos gato y cerdo.

Aprendimos en Romanos 6:6 que la naturaleza pecaminosa ha sido erradicada en un creyente. Porque Romanos 7 y 8 tratan experiencias de creyentes, la traducción correcta es *"carne"* y no "naturaleza pecaminosa." Evidentemente, los editores del NVI aceptaron la idea de la verdad posicional- que el creyente tiene dos naturalezas- ambos viejo yo y nuevo yo. Si ambas naturalezas están vivas en nosotros, entonces vivimos en el adulterio espiritual, como verifica Romanos 7:1-4.

La NVI también usa las frases, "la mentalidad pecaminosa" en Romanos 8:6-7. La traducción correcta en ambos versículos es "la mente puesta en la carne." Por eso, cuando leemos Romanos 7 y 8, debemos tener en mente lo que se discute aquí. Como fue dicho al comienzo del estudio, yo uso la New American Standard Bible [y la traductora usa La Biblia de las Américas], lo cual me ha servido bien.

1. Lee Romanos 7:1-25. Cuando Pablo usa la frase *"en la carne"* (v.5), ¿a qué refiere? Examinemos esta frase en detalle mientras estudiamos Romanos 8. Consecuentemente, si tienes dificultades al responder a esta pregunta, no te preocupes.

2. ¿Qué despierta las *"pasiones pecaminosas"* (afectos) en un no creyente? ¿Qué verifica esto en relación con el propósito de *"la ley"*? Haz una lista de otros versículos que comunican la misma verdad básica sobre la ley.

3. ¿Cómo hemos *"quedado libres de la ley"* (v.6)? Si eres creyente, ¿cuándo moriste? Y ¿cuál parte de ti murió? ¿Qué significa que servimos *"en la novedad del Espíritu y no en el arcaísmo de la letra"*?

Tercer Día

1. Lee Romanos 7:1-25. ¿Qué se dice de *"la ley"* en Romanos 7:7? ¿Notaste cuántas veces Pablo menciona el propósito de la ley? No tenía miedo de repetirlo.

2. En Romanos 7:8-11, la palabra *"pecado"* se refiere al poder del pecado. ¿Qué ocurre cuando el poder del *"pecado"* se enfrente con *"la ley"*? Relaciona esto con lo que discutimos en Romanos 6:14. ¿Puedes ver la necesidad de vivir bajo *"gracia"* en vez de la *"ley"*? ¿Vives bajo la *"gracia"*? ¿Cuáles expectativas puedes tener si escoges permanecer bajo "ley" mientras eres creyente? Según Gálatas 3:1-3, ¿Cómo vio Pablo los creyentes en Galacia que eligieron permanecer bajo la ley?

Cuarto Día

1. Lee Romanos 7:1-25. ¿Qué quiere decir Pablo cuando dice, *"...que la ley es santa y que el mandamiento es santo, justo y bueno"* (v.12)? ¿Qué pasó con Pablo cuando la ley y el poder del *"pecado"* se reunieron (v.13)? ¿Tuviste la misma experiencia en algún momento en el pasado? Si es así, ¿cuándo? Al considerar lo que hemos discutido, explica en más detalle por qué *"la ley es santa"* (v.12). Es imperativo entender el propósito de la ley.

2. Versículos 14-17 describen la batalla que hay en todo creyente. ¿Es esta batalla entre el viejo yo y el nuevo yo (nuevo hombre)? Si no es así, ¿quién (o qué) está involucrada en la batalla?

3. Según Romanos 7:17, ¿qué descubrió Pablo sobre el poder del pecado? La siguiente es una pregunta muy difícil. No te desanimes si no puedes responder. ¿A qué se refiere la palabra *"lo"* en Romanos 7:17?

Quinto Día

1. Lee Romanos 7:1-25. En Romanos 7:18-20, Pablo describe de nuevo la batalla que había dentro de él mientras era creyente. ¿Qué quiere decir Pablo con las palabras, *"porque yo sé que en mí, es decir, en mi carne, no habita nada bueno..."*? Para interpretarlas bien, debemos recordar que el poder del pecado mora en la carne (el cuerpo físico) de un creyente. Sin embargo, Pablo no dice que el cuerpo físico es malo. Nota: la palabra *"carne"* en Romanos 7:18 se refiere al cuerpo físico. También, puede referirse a algo diferente. De esto hablaremos la semana que viene.

2. ¿Cómo se relacionan versículo 20 y versículo 17? ¿A qué se refiere el *"lo"* en *"lo hace"* en versículo 20?

Sexta Día

1. Lee Romanos 7:1-25. De lo que se dice en Romanos 7:21-23, ¿dónde mora (vive) en un creyente *"la ley de que el mal"*? Nota: la frase *"la ley de que el mal"* indica el poder del pecado. ¿Contra qué hace guerra *"la ley de que el mal,"* o el poder del pecado, en un creyente (v.23)? Esta sección es una de las más difíciles de estudiar, así que toma tu tiempo.

2. La palabra *"miserable"* en versículo 24 significa "infeliz." Sin duda, Pablo estaba lejos de verse como si fuera *"miserable"* en el sentido de ser mezquino. Después de todo, el apóstol entendió bien que era santo quien a veces pecó, no pecador sucio salvado por la gracia. Así, tenía angustia sobre la batalla que había en su mente como resultado del trabajo del poder por el camino de su *"cuerpo"* (*"este cuerpo de muerte"*- versículo 24). ¿Através de qué medio encuentra rescate Pablo (vv.24-25)? ¿Qué te comunica la última frase de Romanos 7:25? No olvides que la frase *"la ley de que el mal"* (v.21) significa "el poder del pecado." Goza la lección de esta semana, y entiende lo más que puedas. Es una de las lecciones más importantes en el estudio entero.

Romanos 7 Lección

Oí por años que Romanos 7 describe el cristiano derrotado. Un día, me di cuenta de que hace el opuesto. De hecho, hallé que revela la fuente del conflicto dentro de cada creyente y a la vez explica el modo de la victoria.

Cuando leí Romanos 7 cuando era creyente nuevo, me hice más consciente de mis pruebas. Sin embargo, no tenía madurez suficiente para entender la fuente de esas pruebas. Pensé que si pudiera alimentar al viejo yo (naturaleza Adámica, viejo hombre, espíritu muerto, naturaleza pecaminosa) verdad suficiente para hacerle portarse bien, la batalla desaparecería. Todavía no entendí que mi viejo yo había sido crucificado y hecho extinto. Aprendí pronto que la intensidad de la batalla no disminuyó mientras mi conocimiento Bíblico creció. De hecho, hallé que la batalla aumentó mientras maduré en Cristo. Fue entonces que descubrí esta verdad que cambia la vida. Aprendí que mi batalla es contra el poder del pecado y <u>no</u> contra el viejo yo (naturaleza Adámica). Este pensamiento trajo esperanza y, con ella, un deseo grande de vivir por medio de la vida de Otro, la vida de mi Salvador.

Nuestro entendimiento de la guerra espiritual mejorará con la lección de esta semana. No te sorprendas, por eso, si la intensidad de la batalla crece mientras estudiamos este capítulo. Satanás hará todo lo que pueda para prevenirnos de ver esta verdad. Ora por la sabiduría antes de continuar.

Notarás que me repito por la lección. En otras palabras, digo la misma cosa en diferentes maneras. Sé que esta repetición se hace con un propósito en mente. En enseñar estas verdades por años, hallé que es necesario repetirme.

Liberado de la ley por la muerte

Primero, Pablo habla del modo por lo cual somos liberados de la ley, y usa el matrimonio para demostrar que está en lo cierto (vv. 1-4). En el matrimonio, la muerte de una persona libera automáticamente a la otra persona sobreviviente para casarse. ¿Por qué habla Pablo de esto? Cuando éramos perdidos, estábamos unidos (casados, en un sentido) a la ley. Porque la ley vivirá para siempre (1 Pedro 1:25), nuestra libertad podría ser realizada por un solo camino, por nuestra propia muerte. Como se verificó más temprano, nuestra muerte (la muerte del viejo hombre) ocurrió en la cruz (Romanos 7:4, Gálatas 2:20, Romanos 6:6) porque fuimos colocados en Cristo después de que nos arrepentimos y creemos cuando estabamos depravados espiritualmente (revisa la lección de Romanos 6:1-6, segunda parte). Así, es posible unirnos con Cristo, porque el viejo yo es muerto y erradicado. De otra manera, nuestro compromiso con Cristo sería imposible. Si el viejo hombre se queda vivo, viviendo junto con el nuevo hombre, el viejo hombre estaría casado con la ley a la misma vez que el nuevo hombre está comprometido con Cristo. Resultará adulterio espiritual, creando una situación que es completamente irreconciliable. Pero muchos creen que el creyente tenga dos naturalezas, que posea ambos el viejo y el nuevo yo. ¿Ves la contradicción que se asocia con tal pensamiento?

Como resultado de estar *"unidos a otro,"* podemos llevar *"fruto para Dios,"* por vivir por la vida de *"otro,"* y el *"otro"* es Jesús mismo (Romanos 7:4), quien es Dios (Hebreos 1:8).

De Romanos 7:5, vemos que *"mientras estábamos en la carne* (en nuestra condición perdida), *las pasiones pecaminosas* (afectos)" se despertaron *"por la ley..."* Estas *"pasiones"* fueron despertadas porque el poder del pecado crece en intensidad cuando tiene contacto con *"la ley."* Consecuentemente, cuando más intentamos a cumplir la ley, más fallamos cumplirla. Constantemente llevábamos *"fruto para muerte,"* es decir, llevábamos el mismo frut como los no creyentes. No mal entiendas. Pablo no enseña que los depravados espiritualmente son incapaces de entender su pecado y arrepentirse y creer através de la fe. Adán se dio cuenta de que estaba *"desnudo"* después de comer la fruta prohibida y morir una muerte espiritual (Génesis 2:16-17, Génesis 3:7). Para leer más sobre este tópico, puedes obtener una copia de nuestra serie [en inglés] que se llama, *God's Heart: As it Relates to Depravity*, que este ministerio distribuye.

Buenas noticias vienen, porque Romanos 7:6 confirme que *"hemos quedado libres de la ley..."* por nuestra muerte con Cristo. Esta enseñanza está completamente de acuerdo con Romanos 6:6, que verifica *"...que nuestro viejo hombre fue crucificado con Él..."* La muerte del *"viejo hombre"* nos libera para servir *"en la novedad del Espíritu y no en el arcaísmo de la letra"* de *"la ley"* (Romanos 7:6). Sí, somos libres para permitir que el Espíritu de Dios provea victoria sobre cualquier cosa que nos venga. ¡Qué libertad!

Romanos 7:7 debe motivarnos, porque al igual que acusaron a Pablo de enseñar erroneamente, acusarán a nosotros, también. Sus enemigos luchaban con su teología, diciendo cosas así, "Pablo, si lo que enseñas es la verdad, la ley tiene que ser pecado." Pablo difirió por decir, *"¡De ningún modo!"* Siguió diciendo que *"si no hubiera sido por medio de la ley,"* él no *"hubiera sabido lo que es la codicia."* *"La codicia"* es un pecado que se puede esconder de un nuevo creyente, pero no de la ley. Si la ley no hubiera estado presente para sacar a la luz el pecado de Pablo, hubiera continuado en su arrogancia, nunca dándose cuenta de su necesidad de un Salvador.

En Romanos 7:8-11, Pablo confirma que el poder del *"pecado"* crece en intensidad cuando expuesto a la ley. Dándose cuenta de que esto ocurría, Dios dio la ley para que pudiéramos identificar nuestro estado de depravación espiritual por nuestro involucramiento con el pecado. Es por esta razón que escribe Pablo:

"porque el pecado, aprovechándose del mandamiento, me engañó, y por medio de él me mató" (Romanos 7:11)

Sin duda, *"la ley es santa"* (Romanos 7:12); sirve el propósito por el cual existe. Causa que *"el pecado llegue a ser en extremo pecaminoso"* (Romanos 7:13). Hace su trabajo y lo hace bien.

La batalla entre el creyente y el poder del pecado

Romanos 7:14-17 habla de la batalla que ocurre dentro de cada creyente. Queremos hacer lo bueno, pero a veces nos encontramos haciendo lo malo. Ciertamente, el poder del pecado ataca cada cristiano. ¿Pero por cuál avenida viene? Si podemos responder correctamente, empezaremos a tener la victoria. La respuesta está en versículo 17.

Pablo, en versículo 17 describe un punto de inflexión en su experiencia con Cristo.

"Así que ya no soy yo el que lo hace, sino el pecado que habita en mí." (Romanos 7:17)

Pablo se dio cuenta de que los pensamientos pecaminosos que entraron en su mente no fueron generados por el viejo hombre (naturaleza Adámica) sino fueron la obra del poder del pecado que vivió en su cuerpo físico. Hasta este momento, había asumido que el viejo hombre estaba vivo, y que producía pensamientos malos que bombardearon su mente. Pero se dio cuenta de que el viejo hombre está muerto y olvidado en un creyente, nunca para ser lidiado otra vez. Esta erradicación significa que la batalla que hay dentro de nosotros es entre el poder del pecado y el nuevo yo, no entre el viejo yo y el nuevo yo. ¿Cómo puede ser una batalla entre viejo yo y nuevo yo cuando el viejo yo ya no existe?

Mientras que permitimos que el poder del pecado nos engañe a creer que el viejo yo está vivo, él puede convencernos de que generamos los pensamientos malos que invaden nuestra mente. Solo al entender que el viejo hombre ha sido erradicado y que los pensamientos pecaminosos son generados por el poder del pecado <u>que vive en nuestro cuerpo</u> podemos tomar autoridad sobre el poder del pecado (por medio del poder del Espíritu Santo) y vivir en victoria. Entender esta verdad cambió radicalmente la experiencia de Pablo como creyente. Oro para que haga lo mismo en nosotros. Una revisión breve de los diagramas circulares ayudaría en este momento.

Una cosa más sobre Romanos 7:17 y lo dejamos. Inicialmente al leer este pasaje, parece sugerir que Pablo enseña que él (el nuevo yo) no pecó. Tal no puede ser la verdad, porque 1 Juan 1:8 dice:

Si decimos que no tenemos pecado, nos engañamos a nosotros mismos y la verdad no está en nosotros. (1 Juan 1:8)

Pablo no dice que no peca, sino que el poder del pecado es iniciador y fuente de los pensamientos malos que penetran la mente de un creyente.

Versículos 18-19 son similares a versículos 14-15, porque Pablo se enfoqua en la batalla que genera el poder del pecado que vive en su "*carne*" (cuerpo). Como discutimos, él se dio cuenta de que la fuente del mal es el "*pecado*," el poder del "*pecado*" como verifica versículo 20 también:

Y si lo que no quiero hacer, eso hago, ya no soy yo el que lo hace, sino el pecado que habita en mí. (Romanos 7:20)

Al considerar lo que hemos discutido, podemos entender versículo 20 así:

"Y si lo que no quiero hacer, eso hago, ya no soy yo el que produce los pensamientos malos que hacen guerra contra mi mente, porque ellos son productos del poder del pecado que habita en mí."

¿Entiendes ahora como esta verdad maravillosa afecta nuestra vida con Cristo? Significa que por el poder del Espíritu Santo podemos tomar por sorpresa al poder del pecado y rechazar lo que nos envíe. Porque el nuevo hombre es incapaz de producir pensamientos malos (aunque el nuevo hombre es capaz de cometer pecado) y porque el "*viejo hombre*" ha sido erradicado (Romanos 6:6), podemos considerarnos "*muertos*" a estos pensamientos (Romanos 6:11). Podemos vivir en victoria por la vida de Dios dentro de nosotros (Romanos 6:13).

La frase "*si lo que no quiero hacer, eso hago...*" (Romanos 7:20), confirma que Pablo, como creyente, algunas veces respondió contra (al contrario a) su inclinación más fuerte. Hacemos lo mismo cuando vivimos en pecado, porque nuestra inclinación más fuerte es vivir en la justicia. De hecho, si colocas al nuevo hombre en un ambiente sin tentación, nunca pecaría. Así cuando salimos de nuestro cuerpo terrenal y llegamos al cielo, viviremos en perfección sin pecar. ¿Por qué? Nuestra inclinación más fuerte como santos santificados e inocentes es obedecer. Por eso, cuando pecamos, andamos al contrario de nuestra inclinación más fuerte. Vale la pena notar que ellos que piensan que los depravados espiritualmente sean incapaces de arrepentirse y creer através de la fe personal enseñan que el hombre no puede responder contra su inclinación más fuerte. Pablo prueba tal pensamiento inválido.

Pablo hizo un gran descubrimiento. Descubrió que *"el mal"* estaba *"presente"* en él, aunque él quería *"hacer el bien"* (Romanos 7:21). El *"mal"* de que se habla aquí es el poder del pecado cual vivió en su cuerpo. Es un poder organizado y debe quedarse así- no es un demonio. También, Pablo está de acuerdo *"con la ley de Dios"* (Romanos 7:22). La *"ley"* aquí es como un principio, no la ley de Moisés. En otras palabras, quería andar con Dios de la mejor forma posible. Pero, tenía un problema: una *"ley"* (o principio- el poder del pecado) vivió en *"los miembros de"* su *"cuerpo,"* que hizo *"guerra"* contra su *"mente"* y lo hizo *"prisionero de la ley del pecado"* (poder del pecado) la cual estaba en los *"miembros"* de su cuerpo (Romanos 7:23).

¿Era sin esperanza su condición? ¡Claro que no, según Romanos 7:24-25! *"Jesucristo"* lo había libertado *"de este cuerpo de muerte."* Lo había libertado de haber sido controlado por el poder del pecado mientras el poder del pecado trabajó por el *"cuerpo"* físico de Pablo. Por eso tenía libertad para rechazar a la mentira del pecado *"por"* la autoridad y el poder de *"Jesucristo Señor nuestro."* La elección era suya, porque todo creyente tiene la opción de andar conforme a la verdad y la fortaleza de Dios o conforme a las mentiras del enemigo (pecado). Discutiremos más esta libertad en mucho detalle en Romanos 8.

Liberación por Cristo solo

Algunos han batallado la descripción que Pablo da de él mismo en Romanos 7:24. Preguntan porque se refiere con la palabra *"miserable"* cuando en otros lugares enseña que su *"viejo hombre"* fue *"crucificado"* (Romanos 6:6), que era *"nueva creación"* (2 Corintios 5:17), de hecho, santo y *"sin mancha"* (Efesios 1:4), y santificado (1 Corintios 1:2). Se puede responder a esta pregunta fácilmente. La palabra *"miserable"* en este caso quiere decir "triste" y no "horrible," ni "mezquino." No dijo que era persona *"miserable"* en el sentido de ser despreciable. Después de todo, sabía bien que era un santo quien a veces pecaba, no pecador horrible y despreciable. Comunicaba su frustración sobre la batalla que había en su mente debido al poder del pecado trabajando en su *"cuerpo,"* *"este cuerpo de muerte"* (v.24). Pero Pablo halló victoria gracias a la vida de Jesús adentro de él (v.25).

Romanos 7: el capítulo del cristiano victorioso

Romanos 7 no describe el cristiano derrotado. De hecho, explica la manera en que un creyente pueda (por la presencia de Cristo que mora adentro) experimentar la victoria sobre el poder del pecado. Pablo se dio cuenta de que él no generó los pensamientos malos batallando en su mente. Fueron inventados por el poder del pecado disfrazándose como el viejo hombre. Si el poder del pecado puede convencernos de que el viejo hombre todavía vive, nos vemos como si fuéramos parte malo y parte bueno, y por eso, como pecadores despreciables. Como resultado, no podremos apropiarnos de nuestra identidad verdadera (que somos santos quienes por Cristo tenemos autoridad sobre el poder del pecado) y viviremos derrotados. Sí, la decepción es un arma muy poderosa del enemigo.

Vamos a aprender más sobre estas verdades en la semana que viene, regresa listo para ser bendecido.

Romanos 8:1-11 Preguntas

Primer Día

Romanos 8 añadirá profundidad a lo que aprendimos antes. Usaremos esta verdad por el resto de nuestra vida. Por eso, entiende todo lo que puedas de este capítulo maravilloso.

1. Lee Romanos 8:1-11. ¿Por qué enseña Pablo que *"no hay ahora condenación para los que están en Cristo Jesús"* (Romanos 8:1)? Asegúrate de responder a esta pregunta lo más completamente como sea posible.

2. ¿Por qué debe mejorar nuestra comunión con el Padre Romanos 8:1? ¿Te ayudó a manejar más efectivamente tu pecado? Si es así, ¿cómo?

Segundo Día

1. Lee Romanos 8:1-11. La palabra *"ley"* en Romanos 8:2 en la actualidad significa "principio." Con esto en mente, ¿qué quiere decir Pablo cuando escribe, *"porque la ley del Espíritu de vida en Cristo Jesús te ha liberado de la ley del pecado y de la muerte"*? Asegúrate de pensar en lo que estudiamos de lo relativo al poder del pecado.

2. ¿Qué no era capaz de hacer la ley Mosaica (v.3)? Para responder correctamente, debes enfocarte en lo que discutimos en las lecciones anteriores.

3. Con la pregunta previa en mente, y pensando en Romanos 8:3, ¿qué hizo Dios como resultado de la debilidad de la ley Mosaica? ¿Qué condenó esta acción?

4. ¿Qué te dice la frase *"condenó al pecado en la carne"*? Mientras respondes a la pregunta, considera lo que hemos estado discutiendo sobre el poder del pecado y donde mora. También, entiende que la palabra *"carne,"* depende del contexto, puede referirse a (1) el cuerpo físico (2) los hábitos impíos que viven en el cerebro- porque el cerebro es parte del cuerpo.

Tercer Día

1. Lee Romanos 8:1-11. En Romanos 8:4, Pablo describe la manera en que se puede cumplir *"el requisito de la ley"* en nuestra vida. ¿Cómo se hace?

2. Recuerda que la palabra *"carne"* puede referirse a (1) el cuerpo físico (2) los hábitos impíos que viven en el cerebro- porque el cerebro es parte del cuerpo. Consecuentemente, cuando *"andamos conforme a la carne,"* (v.4), hemos creído la mentira del poder del pecado y hemos respondido a un hábito impío escrito en el cerebro. Asegúrate de mirar el diagrama circular 7. Si alguien te pide explicar la frase, *"andar conforme a la carne,"* ¿cómo responderías?

3. Revisa el diagrama circular 8. ¿Qué quiere decir Pablo cuando usa la frase, *"andamos... conforme al Espíritu"* (v.4)? ¿Cómo se relaciona Romanos 8:5 con este tópico?

Cuarto Día

1. Lee Romanos 8:1-11. En Romanos 8:6-7, Pablo describe lo que ocurre cuando ponemos la mente *"en la carne"* o *"en el Espíritu."* ¿Qué resulta? Considera lo que se dice de la *"carne"* en la segunda pregunta de ayer.

2. Cuando ponemos la mente en *"la carne,"* ¿qué mal permitimos que pase en nuestro pensamiento? (Revisa el diagrama circular 7.)

Quinto Día

1. Lee Romanos 8:1-11. ¿Qué significa estar *"en la carne"* (vv.8-9)? ¿Cómo se puede cambiar de estar *"en la carne"* a estar *"en el Espíritu"* (v.9)? *"Los que están en la carne no pueden agradar a Dios"* (v.8) ¿Por qué no pueden agradar a Dios los depravados espíritualmente mientras rechazan elegir creer?

Sexto Día

1. Lee Romanos 8:1-11. ¿Qué quiere decir Pablo cuando escribe, *"el cuerpo esté muerto a causa del pecado"* (v.10)? ¿Qué significa *"el espíritu está vivo a causa de la justicia"*? Si tienes dificultad en responder a estas dos preguntas, la lección de esta semana te ayudará mucho.

2. Según Romanos 8:11, el *"Espíritu"* de Dios *"habita en"* el creyente. El Padre lo usa para un propósito específico cuando *"habita en"* nosotros. ¿Cuál es este propósito?

3. ¿Cómo te ha animado el aprender (o repasar) esto hoy? ¿Notaste que Pablo usa mucho de lo que enseña en Romanos 1-7 mientras se explica en Romanos 8:1-11?

Romanos 8:1-11

No condenación

¿Alguna vez tuviste un pensamiento de condenación- un pensamiento que condenó a tu persona? (Si eres humano, la respuesta debe ser "sí.") ¿Creíste el pensamiento? ¿Te hizo <u>sentir</u> desanimado e inadecuado? Si es así, buenas noticias han llegado. La muerte, entierro, y resurrección de Cristo ocurrió para que pudiéramos, juntamente con muchas otras cosas, saber que *"no hay ahora condenación para los que están en Cristo Jesús"* (Romanos 8:1). Así, algún pensamiento que condena a tu persona es inválido y se puede ignorar.

Es imperativo recordar que Satanás condena al <u>creyente</u>, la persona del creyente, mientras el Espíritu Santo condena sólo el <u>comportamiento</u> del creyente cuando sea necesario. Por ejemplo, supón que yo diga una mentira. Después de que yo mienta, el poder del pecado genera el pensamiento, "No soy nada excepto mentiroso despreciable" (nota el verbo en primera persona "soy"). Y, además, lo genera con tono de voz, incluyendo acento y dialecto, que suena como yo. Me condena, a mi persona. Pero el Espíritu Santo dirá "Odio mentiras, pero sigues siendo la luz de mis ojos." ¿Ves la diferencia? Sin duda, Romanos 8:1 es munición contra las estrategias del poder del pecado.

Diferente que La Biblia de Las Américas y Reina Valera 1960, algunas traducciones no incluyen la frase, "los que no andan conforme a la carne, sino conforme al Espíritu." Incluso Nueva Biblia al Día, Nueva Traducción Viviente, Nueva Versión Internacional, y Palabra de Dios para Todos.

> *Por consiguiente, no hay ahora condenación para los que están en Cristo Jesús,*
> <u>*los que no andan conforme a la carne sino conforme al Espíritu.*</u> (Romanos 8:1
> LBLA – énfasis añadido)

> *Así pues, ahora Dios no condena a los que están unidos a Jesucristo.* (Romanos
> 8:1 PDT)

Ni se puede encontrar la frase en la mayoría de los manuscritos antiguos disponibles hoy. Como resultado, no se incluye en el texto de las versiones más recientes.

Porque *"no hay ahora condenación para los que están en Cristo Jesús"* (Romanos 8:1), tenemos libertad para lidiar con nuestros pecados el instante que los cometimos. No lo dejes para después. No más excusas. El Padre espera que nos arrepintamos y confesemos para que la comunión se pueda restaurar, no para que Él pueda perdonarnos, porque todavía somos perdonados. Muchos creyentes demoran confesar sus pecados porque creen incorrectamente que la condenación los espera.

Liberados por Cristo Jesús

Pablo sigue, *"la ley del Espíritu de vida en Cristo Jesús te ha libertado de la ley del pecado y de la muerte"* (v.2). La palabra *"ley"* significa *"principio"* en vez de la ley Mosaica. Consecuentemente, *"el principio del Espíritu de vida en Cristo Jesús te ha libertado del principio (o poder) del pecado y de la muerte."* Sin duda, los que andan por el *"Espíritu"* de Dios tienen garantiza la libertad del principio (o poder) del *"pecado."*

Romanos 8:3 dice algo interesante: *"pues lo que la ley no pudo hacer, ya que era débil por causa de la carne, Dios lo hizo..."* Es obvio que *"la ley"* no puede salvarle a uno de la condenación de Dios, mientras la cruz y la resurrección de Cristo pueden. Dios envió a Su Hijo como ofrenda por el pecado, acción que quitó nuestra naturaleza pecaminosa y perdonó nuestros pecados después de que nos arrepintamos y creemos cuando estabamos depravados espiritualmente. Esta ofrenda también nos liberó de nuestra esclavitud al poder del pecado. Así, Dios *"condenó al pecado en la carne"*- es decir, el poder del *"pecado"* que mora en el cuerpo del creyente (v.3). Esta verdad se une perfectamente con nuestras observaciones previas.

Hablamos un rato sobre un tema muy importante. Sin duda, *"la ley es santa"* (Romanos 7:12) y no se la puede cumplir por su propio poder, disciplina, ni fortaleza. Sin embargo, una transformación increíble ocurre cuando nos arrepentimos y creemos cuando estabamos depravados espiritualmente y el Espíritu Santo invade a nuestro espíritu para hacernos nuevos. Pablo enseña que *"el requisito de la ley"* se cumple *"en nosotros, que no andamos conforme a la carne, sino conforme al Espíritu"* (Romanos 8:4). ¿Entiendes eso? El Espíritu de Dios, cuando está liberado para controlar la vida nuestra, nos empoderará para andar de una manera consistente con la ley moral. Entonces, Dios recibe todo el crédito y la gloria; aprendemos en el proceso el verdadero significado de la vida.

Andar conforme a la carne versus al Espíritu

Es imperativo que entendemos dos frases de Romanos 8:4. La primera frase es andar *"conforme a la carne."* La segunda es andar *"conforme al Espíritu."* Ambos se refieren a un estado particular del creyente. La segunda se puede entender fácilmente, porque andar *"conforme al Espíritu"* ocurre cuando permitimos que el Espíritu de Dios controle nuestro comportamiento (diagrama circular 8). <u>Pero andar *"conforme a la carne"* significa permitir que los hábitos impíos guardados en el cerebro (el cerebro es *"carne"*) influyan nuestro comportamiento. Hacemos esto cuando creemos la mentira que el poder del pecado envía a nuestro mente por medio de los hábitos impíos.</u> Debemos entender que no se remueve todo hábito en el momento de la justificación. Entiende, también, que nuevos hábitos impíos se crean cuando permitimos que el nuevo yo (nuevo hombre) esté controlado por el poder del pecado en un área nueva de comportamiento pecaminoso.

Pablo continúa en Romanos 8:5 por escribir:

> *Porque los que viven conforme a la carne, ponen la mente en las cosas de la carne...* (Romanos 8:5)

<u>Vives *"conforme a la carne"* si pongas *"la mente"* en el mensaje del pecado (dicho por el camino de un hábito impío en el cerebro- que es trozo de carne) y respondas por actuar conforme al mensaje (diagrama circular 7). Es entonces que el nuevo hombre peque.</u>

También Pablo enseña que los que *"viven conforme al Espíritu"* ponen la mente en *"las cosas del Espíritu"* (Romanos 8:5). En este caso, el nuevo hombre anda en obediencia (refiere a diagrama circular 8). Suena bien simple, ¿no? Pero puede ser difícil practicar.

Poner *"la mente"* en la carne *"es muerte,"* pero poner *"la mente"* *"en el Espíritu es vida y paz"* (Romanos 8:6). Pablo continúa en Romanos 8:7 por escribir:

> *Ya que la mente puesta en la carne es enemiga de Dios, porque no se sujeta a la ley* (el principio) *de Dios, pues ni siquiera puede hacerlo* (Romanos 8:7)

Sí, un creyente que vive *"conforme a la carne"* se comporta similarmente a un no creyente, aún comportarse como si fuera *"enemigo de Dios"*- pero nunca tiene paz cuando lo hace. ¿Cómo puede gozar el lodo un gato? ¡Imposible!

Próximo, Pablo habla de lo que significa estar *"en la carne"* versus *"en el Espíritu"* (Romanos 8:8-9). Una persona quién está *"en la carne"* no puede *"agradar a Dios"*:

Los que están en la carne no pueden agradar a Dios. (Romanos 8:8)

Así, estar *"en la carne"* es ser perdido. Pero, estamos *"en el Espíritu"* y salvados si *"el Espíritu de Dios habita en"* nosotros (Romanos 8:9).

Pero si alguno no tiene el Espíritu de Cristo, el tal no es de Él. (Romanos 8:9)

Sin duda, *"los que están en la carne"* (v.8) no son *"de Él"* porque no tienen *"el Espíritu de Cristo"* (v.9). Solo los que se arrepienten y creen cuando estan depravados espiritualmente pueden recibir el *"Espíritu."*

Con esto en mente, ¿puedes entender la diferencia entre estar *"en la carne"* y vivir *"conforme a la carne"*? La primera frase, *"en la carne"* refiere a una persona que no conoce a Cristo. La segunda, vivir *"conforme a la carne,"* serefiere a los momentos en cuales un creyente cede a un hábito impío debido a creer la mentira del poder del pecado. Como ya se discutió, el poder del pecado habita en el cuerpo del creyente y envía mensajes a la mente por medio de los hábitos impíos quedados en el cerebro, lo cual es un trozo de *"carne."*

En Romanos 8:10, Pablo enfatiza que, en relación con un creyente, *"...el cuerpo"* está *"muerto a causa del pecado..."* Pablo no enseña que nuestros cuerpos cesan de funcionar cuando recibimos a Cristo como Salvador. Prueba, sin embargo, que podemos considerar sin poder cualquiera mentira que el *"pecado"* envíe a nuestra mente por el camino del *"cuerpo."* Esta enseñanza se relaciona perfectamente con nuestra discusión sobre Romanos 6:11. Tal vez quieras revisar esta lección. (Nota: es el pensamiento del poder del pecado que entra en la mente del creyente, no el poder del pecado mismo.)

Pablo enfatiza que *"el espíritu está vivo a causa de la justicia"* (Romanos 8:10). En otras palabras, porque conocemos a Cristo y somos *"justos,"* nuestro *"espíritu está vivo."* Después de todo, somos *"un espíritu con Él"* (1 Corintios 6:17), y esto nos hace *"vivos"* de verdad (Romanos 8:10).

Pablo no terminó allí, porque confirma que el *"Espíritu"* de Dios que habita en nosotros nos da *"vida"* a nuestros *"cuerpos mortales"* (Romanos 8:11).

Pero si el Espíritu de aquel que resucitó a Jesús de entre los muertos habita en nosotros, el mismo que resucitó a Cristo Jesús de entre los muertos, también dará vida a vuestros cuerpos mortales por medio de su Espíritu que habita en vosotros. (Romanos 8:11)

El apóstol se refiere a más que recibir nuestro cuerpo glorificado en el rapto de la iglesia. Habla también del privilegio que tenemos ahora para vivir sobre nuestras tentaciones por medio del Espíritu Santo. Dios hizo más que liberarnos de la condenación por la justificación, después de arrepentirnos y creer cuando estabamos depravados espiritualmente. También empodera nuestra vida aquí y ahora mientras cedemos nuestra vida a Su vida dentro de nosotros. Recuerda: la sangre de Cristo es el camino por el cual nuestro pecado fue quitado; Su cuerpo es el camino por el cual nuestro viejo hombre fue erradicado. Consecuentemente, fuimos liberados del castigo del pecado por la sangre de Jesús, pero fuimos liberados del dominio del poder del pecado por nuestra muerte con Jesús en la cruz. ¡Qué buena noticia! Romanos es un libro fenomenal. ¿Verdad?

Romanos 8:12-25 Preguntas

Primer Día

1. Lee Romanos 8:1-25. Nota la frase, *"vivir conforme a la carne,"* en Romanos 8:12-13. Al considerar las lecciones previas, ¿a qué se refiere esta frase?

2. Repasar la lección de la semana pasada te ayudará aresponder a la próxima pregunta. ¿Cuál es la diferencia entre vivir *"conforme a la carne"* y estar *"en la carne"*?

3. Según Romanos 8:12-13, ¿qué resultado tenemos cuando elegimos vivir *"conforme a la carne"*?

4. Explica la frase, *"pero si por el Espíritu hacéis morir las obras de la carne"* (v.13). ¿Qué resultado tenemos cuando hacemos "morir las obras de la carne" por medio del *"Espíritu"* de Dios (v.13)?

5. Cuando pides al *"Espíritu"* que haga *"morir las obras de la carne,"* ¿qué tipo de proceso de pensamiento hallas más efectivo?

Segundo Día

1. Lee Romanos 8:12-25. En Romanos 8:14 encontramos la declaración, *"porque todos los que son guiados por el Espíritu de Dios, los tales son hijos de Dios."* ¿Qué quiere decir ser guiado *"por el Espíritu de Dios"*? Si quieres, puedes explicar esto en los términos que aprendiste de los diagramas circulares.

2. Según Romanos 8:15, los creyentes han *"recibido"* algo muy especial. ¿Qué es?

3. Si Dios es tu *"Padre"* (v.15) ¿cómo lo ves? ¿Tiene base en las Escrituras tu opinión, o está basada en lo que has experimentado con tu padre terrenal?

4. El versículo 15 habla del tipo de *"espíritu"* que no recibe el creyente. Describe este *"espíritu"* en tus propias palabras. Otra vez, ¿qué tipo de *"espíritu"* recibe un creyente?

5. En tu opinión, más que nada, ¿qué causa que la mayoría de los perdidos rechazen a Dios como *"Padre"*?

Tercer Día

1. Lee Romanos 8:12-25. En Romanos 8:16, se menciona uno de los beneficios de poseer el *"Espíritu."* ¿Cuál es este beneficio?

2. ¿Qué te anima más de ser hijo de Dios?

3. Somos *"herederos de Dios y coherederos con Cristo..."* (Romanos 8:17). ¿Qué significa esto?

4. ¿Cómo puede prepararnos el sufrimiento para la gloria futura (v.17)?

Cuarto Día

1. Lee Romanos 8:12-25. Mientras lees Romanos 8:18, trata de entender el punto de vista de Pablo sobre el sufrimiento. ¿Qué le permitió andar en la victoria?

2. ¿Cuáles adjetivos usó Pablo en 2 Corintios 4:17 para describir su aflicción? ¿Qué produjo su sufrimiento? Compara esto con las palabras de Pablo en Romanos 8:18.

3. ¿Cómo ves el sufrimiento? Haz una lista de algunos cambios positivos que han ocurrido en tu vida como resultado de la adversidad que has experimentado.

4. Si ahora mismo andas por una situación difícil, toma tiempo para darle gracias al Señor por tu sufrimiento. También, dale gracias por usarlo para enseñarte más sobre la cruz.

Quinto Día

1. Lee Romanos 8:12-25. Ahora lee Romanos 8:19-22 por segunda vez. ¿Por qué espera *"la creación"* *"ansiosamente la revelación de los hijos de Dios"*?

2. ¿Cuándo fue maldita *"la creación"*? ¿Ves la *"creación"* como si estuviera bajo *"esclavitud de la corrupción"* (v.21)? Al considerar que la tierra está ahora maldita, toma un momento para imaginar su estado original.

3. En algún momento en el futuro la tierra estará liberada de su maldición. ¿Cuándo tomará lugar esto? Isaías 30:23-26, Isaías 35:1-2 y Ezequiel 36:28-38 describen algunos de las condiciones que existirán durante esta época. Escribe algún pensamiento nuevo aquí.

Sexto Día

1. Lee Romanos 8:12-25. Nosotros, los santos de la iglesia, *"gemimos en nuestro interior"* (Romanos 8:23). ¿Por qué? ¿Cómo define Pablo la frase, *"adopción como hijos,"* en versículo 23?

2. Lee Romanos 8:24-25, 2 Corintios 4:17-18 y Hebreos 11:27. ¿Cómo puede ayudarnos ver *al invisible* (Hebreos 11:27) durante momentos de sufrimiento intenso?

3. ¿Te ha animado conocer a Cristo de una manera más íntima al estudiar esto? Explica.

Romanos 8:12-25 Lección

No obligado a pecar

Es maravillo saber que *"no hay ahora condenación para los que están en Cristo Jesús"* (Romanos 8:1). ¿Has oído noticias mejores? Esta verdad debe animarnos para conocer al Señor tan íntimamente como posible: anhelarlo *"como el ciervo anhela las corrientes de agua..."* (Salmo 42:1). Una cosa es cierta: cuanto más Lo conocemos, más que Lo amamos. Cuanto más Lo amamos, más desearemos glorificarle por cada pensamiento y acción. Por eso Pablo escribe:

Somos deudores, no a la carne, para vivir conforme a la carne... (Romanos 8:12)

Después de todo que Dios ha sido por nosotros, debemos darnos cuenta de que no debemos *"vivir conforme a la carne."* Como hallamos la semana pasada, *"vivir conforme a la carne"* quiere decir que permitimos que los hábitos impíos que habitan en el cerebro, un trozo de *"carne,"* influyan nuestro comportamiento. Hacemos esto cuando creemos las mentiras que envía el poder del pecado a nuestra mente por los hábitos impíos. Así las frases *"vivir conforme a la carne"* (Romanos 8:12) y andar *"conforme a la carne"* (Romanos 8:4) son equivalentes. Muchos de estos hábitos se formaron antes que conocimos a Cristo, pero algunos se forman después de convertirse a creyente. Sí, nuevos hábitos impíos se forman cuando yo (el nuevo hombre) creo la mentira del poder del pecado en un área nueva y respondo por consiguiente. Por eso, cuando peco, es el nuevo hombre quien peca, porque soy el nuevo hombre.

Vivir *"conforme a la carne"* significa que habremos *"de morir"* (Romanos 8:13). Ciertamente, si vivimos *"conforme a la carne"* por tiempo suficiente y no experimentamos la muerte física, empezaremos a vivir como si estuviéramos muertos. De hecho, vivir en un estado de desobediencia prolongado, después de conocer la paz y el gozo de la comunión con Cristo, resulta en nada más que derrota y desesperanza. Gozo y paz se restauran por arrepentimiento y confesión, pero se cosecha a consecuencia de nuestra desobediencia durante el resto de nuestro tiempo en la tierra (Colosenses 3:25). Pero ¡ni una vez Dios nos condena (Romanos 8:1)!

Pablo continua por escribir:

Pero si por el Espíritu hacéis morir las obras de la carne, viviréis. (Romanos 8:13)

La verdad es increíble en que muestra e incapacita la decepción. Mientras cedemos al *"Espíritu"* de Dios (el *"Espíritu"* de la Verdad), el poder del pecado que habita en nuestro cuerpo físico está derrotado mientras intenta engañarnos a ser influidos por nuestros hábitos impíos (refiere a diagrama circular 8). ¡Es por responder a la instigación del Espíritu que vivimos de verdad!

Con esto en mente, considera lo siguiente: Jesús nació sin naturaleza pecaminosa (viejo yo) porque era hijo del Padre, no hijo de José. Sin embargo, de vez en cuando su mente era inundada con pensamientos (mentiras) de Satanás, como se verifica Mateo 4:1-11. Eligió rechazar estos pensamientos (mentiras) al momento que entraron y se quedó puro y santo. Por eso, Jesús provee que un pensamiento pecaminoso no resulta en el pecado hasta que permitimos que afecte nuestro pensamiento, y como consecuencia, nuestro comportamiento. Consecuentemente, debemos rechazar algún pensamiento que viola los principios enseñados en el consejo completo de la Palabra de Dios.

¿Desarrollas un agradecimiento mejor por la verdad? ¿Te anima esta buena noticia a devorar la Palabra de Dios y hacerla el *"gozo"* de tu *"corazón"* (Salmo 119:111)? Sin duda, la verdad que se encuentra en Dios solo nos liberará de algo que el enemigo nos envíe.

Hijos no esclavos

Pablo enseña:

Porque todos los que son guiados por el Espíritu de Dios, los tales son hijos de Dios. (Romanos 8:14)

Si el hombre es guiado *"por el Espíritu de Dios,"* en una base bien consistente, se muestra ser hijo *"de Dios."* Nadie, ni el mejor de los santos, es guiado *"por el Espíritu"* cada momento del día. Así, si somos abiertos a que el Espíritu nos guíe, eso confirma que somos creyentes.

Nos convertimos en *"hijos de Dios"* y recibimos el *"Espíritu"* Santo en el momento de la justificación (salvación). Pero debemos entonces aprender a ser *"guiados por el Espíritu."* Somos *"guiados por el Espíritu"* cuando permitimos que los pensamientos dirigidos a la mente por el *"Espíritu"* controlen nuestra vida, pensamientos que siempre están de acuerdo con la Palabra de Dios. *"El Espíritu"* da sabiduría para hacer buenas decisiones, y en su turno, nos libera a vivir como vivió Jesús. Después de todo, Él enseñó que *"el Espíritu"* es *"el Espíritu de verdad"* y que Él nos *"guiará a toda la verdad"* (Juan 16:13).

Se nos ha dado aún más información alentadora en Romanos 8:15:

Pues no habéis recibido un espíritu de esclavitud para volver otra vez al temor, sino que habéis recibido un espíritu de adopción como hijos, por el cual clamamos: ¡Abba, Padre! (Romanos 8:15)

Pablo dice que no hemos *"recibido un espíritu de esclavitud para volver otra vez al temor, sino que"* hemos *"recibido un espíritu de adopción como hijos, por el cual clamamos: '¡Abba, Padre!'"* Sin duda, el *"espíritu de adopción"* que hemos *"recibido"* nos libera para percibir a Dios como *"Padre"* cariñoso Quien tiene nuestros mejores intereses en mente. Dicho simplemente, si somos justificados (salvados), somos hijos de Dios si nos sentimos así o si no. Debemos comunicar estas verdades maravillosas a todos quienes escucharán, porque un entendimiento incorrecto de quien es el Padre previene que muchos acepten a Cristo como Salvador.

El *"Espíritu"* nos revela que *"somos hijos de Dios,"* y lo hace por dar *"testimonio a nuestro espíritu"* (Romanos 8:16). No hay necesidad de tener miedo de Dios, porque es nuestro Padre. También somos *"herederos de Dios y coherederos con Cristo..."* (Romanos 8:17). De hecho, cuando *"todas las cosas"* se reúnen *"en Cristo"* (Efesios 1:10), seremos *"coherederos con"* Él (Romanos 8:17)- y tendremos todo lo que Él posee. También somos *"herederos de Dios"* (v.17), que confirma que somos Sus hijos y *"herederos"* de todo que tiene para dar. ¿Qué nos impide de convertirnos en siervos de este Dios Quien nos ama tanto?

No se debe pasar por alto la última frase de Romanos 8:17. ¿Sabes que como resultado de ser *"herederos de Dios y coherederos con Cristo"* también seremos *"glorificados con Él"*? Según Apocalipsis 3:21 y Apocalipsis 20:4, reinaremos con Él, también. Consecuentemente, Dios debe entrenarnos para una posición tan responsable. ¿Cómo lo hace? Edifica carácter en nuestro ser usando las dificultades de la vida para nuestro bien, la única cosa que nos preparará para reinar.

Esperanza en medio del sufrimiento

La madurez de Pablo le permitió percibir que sus *"sufrimientos"* no fueran *"dignos de ser comparados con la gloria que nos ha de ser revelada"* (Romanos 8:18). Esta declaración es extraordinaria al considerar la persecución que encontró mientras predicó el evangelio. De hecho, 2 Corintios 11 y 12 son lectura mandatoria cuando nuestras dificultades parecen enormes. Pablo fue perseguido severamente, pero consideró que sus *"sufrimientos"* fueron como nada en comparación a *"la gloria"* que seguirá:

> *Pues esta aflicción leve y pasajera nos produce un eterno peso de gloria que sobrepasa toda comparación, al no poner nuestra vista en las cosas que se ven, sino en las que no se ven, porque las cosas que se ven son temporales, pero las que no se ven son eternas.* (2 Corintios 4:17-18)

¿Sabes que *"la creación entera gime y sufre…"* (Romanos 8:22)? Desde el día en que pecó Adán, *"la creación"* ha vivido en dolor. Con razón espera *"la revelación de los hijos de Dios…"* (v.19), un evento que la libera *"de la esclavitud"* (v.21). De hecho, Isaías 30:23-26, Isaías 35:1-2 y Ezequiel 36:28-38 describen el degrado a lo cual la creación será bendita cuando Cristo vuelva con su novia, la iglesia, en su segunda venida.

También *"gemimos"* (v.23). Nosotros quienes poseemos *"las primicias del Espíritu… gemimos"* porque estamos *"aguardando ansiosamente la adopción como hijos, la redención de nuestro cuerpo."* En otras palabras, <u>*"gemimos"* porque vivimos en cuerpos que morirán, cuerpos que ahora son habitados por el poder del pecado.</u> Aprendimos antes en el estudio que el nuevo yo (el nuevo hombre, el verdadero nosotros- nuestra alma y espíritu) todavía es redimido, perfecto, santo, inocente etcétera. Nuestro cuerpo todavía no está redimido, sin embargo, porque es mortal y un día morirá. Piensa en esta verdad por un rato. En el momento de la muerte física, el cerebro morirá y nuestros hábitos impíos se harán extintos. Entonces el poder del pecado cesará de enviar pensamientos a nuestra mente, pensamientos que a veces nos engañan y nos hacen creer que la mentira es la verdad. Así, solo después de que nuestro cuerpo físico muera seremos perfectos en nuestro comportamiento.

Nuestra adopción como hijos

Pablo también confirma que nuestra *"adopción como hijos"* (v.23) indica *"la redención de nuestro cuerpo."*

> *…aguardando ansiosamente la adopción como hijos, la redención de nuestro cuerpo.* (Romanos 8:23)

Esto confirma que el día en que recibimos nuestro cuerpo glorificado, inmortal será el día en que somos adoptados en el sentido más completo. Entonces seremos santos, perfectos, inocentes, etcétera en espíritu, alma, y cuerpo, no solo en espíritu y alma como somos ahora. Cada santo iglesial (la época de la iglesia empezó en Hechos 2), recibirá su cuerpo glorificado en el rapto de la iglesia (1 Tesalonicenses 4:13-17).

Sin duda, nuestro cerebro, en que se archivan los hábitos impíos, desaparece junto con el cuerpo físico, porque el cerebro es parte del cuerpo. De hecho, recibimos un cerebro nuevo e inmortal- sin hábitos impíos. Es entonces que nuestro comportamiento, ejemplificado en nuestro cuerpo nuevo e inmortal, estará de acuerdo con lo que hemos sido en nuestro espíritu y nuestra alma desde el momento de la justificación (salvación). ¡Qué Dios tan increíble, omnipotente, omnisciente, sabio y cariñoso que servimos!

Pensar en lo que aprendemos

¿Empiezas a entender que Dios hace santos y perfectos nuestra alma y nuestro espíritu en el momento de la justificación, aunque nuestro comportamiento no será perfecto hasta que nuestro cuerpo muera? Toma unos minutos para revisar las preguntas asociadas con el cuarto día de semana 11. ¿Entiendes que nuestro comportamiento no es quienes somos, pero que quienes somos consiste en lo que hizo Dios con nuestra alma y nuestro espíritu en el momento de justificación (salvación)? ¿Comprendes porque seguimos cometiendo actos de pecado mientras estamos en el cuerpo terrenal? La perfección sin pecar es imposible en este lado del cielo, pero se puede vencer muchas áreas de debilidad por el poder de Dios que habita dentro de nosotros. Si, los hábitos impíos, archivados en el cerebro, de verdad disminuyen en intensidad mientras maduramos en la fe. Debemos pensar mucho de lo que se habla aquí, porque es la clave absoluta a la victoria.

Tomamos lo que aprendemos de Romanos 6:6 (semanas 11 y 12) y lo unimos con lo que aprendemos más recientemente. Se supone, hipotéticamente, que el viejo hombre (naturaleza pecaminosa) se queda vivo en el creyente, que fue herido pero no erradicado cuando fuimos justificados (salvados). Esta suposición crearía una pesadilla teológica, porque nuestro espíritu y nuestra alma serían parte malo y parte bueno en tal situación- porque el viejo yo es malo y el nuevo yo es bueno. ¿Cómo podríamos entrar en la presencia de Dios en el momento de la muerte física? ¡No podríamos!

¿Puedes ver que es necesario que el viejo yo fuera erradicado por el acto de Dios de la justificación? La muerte física <u>no</u> puede remover el viejo hombre, porque el viejo hombre no es parte del cuerpo. El viejo yo es alma y espíritu. Es quienes fuimos antes de ser salvados, porque recibimos alma y espíritu en el momento de la justificación. Solo la cruz es capaz de erradicar quiénes éramos, porque *"nuestro viejo hombre <u>fue</u> crucificado con"* Cristo (Romanos 6:6). Así es imperativo que el *"viejo hombre"* sea erradicado en el momento de la justificación en vez de cuando morimos.

Salvado por la esperanza

Ciertamente, *"en esperanza hemos sido salvos..."* (Romanos 8:24-25). La *"esperanza"* provee incentivo para *"esperar"* lo que Dios ha prometido, de hecho, *"esperar"* lo que no se ve. La *"esperanza"* nace por darse cuenta de que nuestro sufrimiento de ahora un día se cambiará por gloria más allá de nuestra habilidad para comprender ahora. *"Las primicias del Espíritu"* que ahora poseemos como creyentes (v.23), nos permite vivir desde esta perspectiva. Consecuentemente, el remedio para el sufrimiento actual es entendimiento correcto de lo *"invisible"* (2 Corintios 4:17-18, Hebreos 11:27). Con razón, Pablo escribió, *"Poned la mira en las cosas de arriba, no en las de la tierra"* (Colosenses 3:2), porque *"nuestra ciudadanía está en los cielos"* (Filipenses 3:20); y es desde este punto de vista que debemos ver *"las cosas"* que afectan la vida.

Solo una semana más, y cumplirás el estudio. Estás creciendo. ¡Anímate!

Romanos 8:26-39 Preguntas

Primer Día

1. Recuerda orar por sabiduría. Lee Romanos 8:1-39. ¿Cómo *"nos ayuda"* *"el Espíritu"* cuando oramos (vv.26-27)?

2. ¿Qué dice Pablo sobre *"el Espíritu"* en 1 Corintios 2:11-12?

3. De las verdades diferentes que estudiaste hoy sobre *"el Espíritu"*, ¿cuál te animó más y por qué?

4. Trata de encontrar versículos adicionales en el Nuevo Testamento que traten de la función del *"Espíritu"* en la vida de un creyente.

Segundo Día

1. Lee Romanos 8:26-39. ¿Qué te dice Romanos 8:28?

2. Si cada santo ve la vida desde la perspectiva de Romanos 8:28, ¿qué pasaría en el cuerpo de Cristo?

3. Haz una lista de por lo menos dos ocasiones en que Dios usó una situación difícil para tu bien.

4. ¿Qué te impide ver toda adversidad através de los ojos de Romanos 8:28?

5. ¿Por qué podía Pablo enseñar versículo 28 con autoridad?

Tercer Día

1. Lee Romanos 8:26-39. Después de leer Romanos 8:29, ¿cómo defines los términos *"de antemano conoció"* y *"predestinó"*?

2. Según Romanos 8:30, Dios hace muchas cosas para la persona a quien Él predestinó. Haz una lista de ellas.

3. Pablo escribe que Dios *"glorificó"* al creyente. ¿Qué quiere decir esto? Al considerar tu respuesta, ¿Cuál(es) parte(s) de tu ser-de-tres-partes (espíritu, alma, cuerpo) todavía han sidos glorificados por Dios? Basado en pasajes como 1 Tesalonicenses 4:16-17, ¿cuándo recibirás un cuerpo glorificado? La lección de esta semana te ayudará si tienes dificultades para responder a las preguntas de hoy.

Cuarto Día

1. Lee Romanos 8:26-39. ¿Por qué es tan poderosa la declaración en Romanos 8:31 para aquellos que conocen a Cristo?

2. La palabra *"concederá"* (v.32) es en el tiempo futuro, y quiere decir que Dios proveerá a los creyentes en Roma para cada necesidad futura. La misma ayuda aplica a nosotros, también. Ahora que eres creyente, ¿percibes que tus bendiciones cotidianas (*"Toda buena dádiva y todo don perfecto..."* Santiago 1:17) vienen de Dios? ¿Das gracias al Señor consistentemente por sus muchos dones? Si no, ¿qué te previene de hacerlo?

3. ¿Por qué nadie *"acusará a los escogidos de Dios"* (v.33)? ¿Cómo defines *"los escogidos"*?

4. ¿Por qué no se puede condenar a un creyente (v.34)? ¿Cómo relaciona este principio con Romanos 8:1?

Quinto Día

1. Lee Romanos 8:26-39. Lee Romanos 35-39 por segunda vez y goza las buenas noticias que trae. Escribe algunos pensamientos que tienes mientras lees.

2. Si vivimos constantemente por los principios enseñados en versículos 35-39, ¿cuáles cambios ocurrirán en nuestra vida?

3. ¿Cuándo has usado estos versículos durante una situación difícil?

Sexto Día

1. ¿Cuál es la verdad más signicativa que aprendiste en este estudio?

2. ¿Te han animado a conocerle más íntimamente a Jesús las verdades de Romanos 1-8? Si es así, ¿por qué?

3. ¿Quieres que otros sepan lo que sabes sobre Romanos 1-8? ¿Puedes explicarle a otra persona lo que aprendiste? Si tienes interés en aprender más, tenemos conferencias los fines de semana para este propósito. Para detalles, envíe un email a preguntas@lifeonthehill.org.

Romanos 8:26-39

La Intercesión del Espíritu

¿Hay momentos en que necesitas orar, pero no puedes? Intentas decir las palabras, pero no vienen. ¿O has orado y sentido que tus palabras son vacías y sin sentido? Si es así, ¡buenas noticias vienen! Pablo dice que en estos momentos, de hecho, en todo momento en que oramos, *"el Espíritu mismo intercede por nosotros con gemidos indecibles"* (Romanos 8:26). Pablo entonces dice que *"el Espíritu… intercede por los santos conforme a la voluntad de Dios"* (Romanos 8:27). Así, cuando oramos, *"el Espíritu… intercede por"* nosotros conforme al plan perfecto del Padre. ¡Maravilloso!

Me sorprende que Pablo se viera incapaz de orar como debía (nota su uso de *"nosotros"* en versículo 26). Conocer los pensamientos de Pablo me anima mucho, porque dudo que alguno de nosotros esté completamente satisfecho con la profundidad de nuestra comunicación con Dios.

Pablo escribe más sobre el *"Espíritu"* en 1 Corintios 2:11-12:

Porque entre los hombres, ¿quién conoce los pensamientos de un hombre, sino el espíritu del hombre que está en él? Asimismo, nadie conoce los pensamientos de Dios, sino el Espíritu de Dios. Y nosotros hemos recibido, no el espíritu del mundo, sino el Espíritu que viene de Dios, para que conozcamos lo que Dios nos ha dado gratuitamente (1 Corintios 2:11-12)

Pablo dice que *"el Espíritu"* *"conoce los pensamientos de Dios."* También escribe *"el Espíritu"* fue dado *"para que conozcamos lo que Dios nos ha dado gratuitamente."* Si, el *"Espíritu"* Santo no solo nos guía a entendimiento más profundo del corazón de Dios, pero revela lo que Dios *"ha dado gratuitamente"* a todo creyente después de que usara arrepentimiento y fe mientras depravado espiritualmente. Con razón Pablo escribe:

Pero Dios nos las reveló por medio del Espíritu, porque el Espíritu todo lo escudriña, aun las profundidades de Dios. (1 Corintios 2:10)

Todo para Bien

¿Qué pasaría si supieras sin duda alguna que Dios es capaz de usar todo lo que te pasa, de hecho, todo que ocurra en espacio y tiempo, *"para"* tu *"bien"*? Pablo enseña esta verdad maravillosa en Romanos 8:28, una verdad que relaciona con *"los que son llamados conforme a su propósito."* ¿Tendrían lugar en tu vida la preocupación o la ansiedad si elijes tal mentalidad? ¡Jamás! Percibirías que Dios es completamente soberano, liberándote vivir y relajar en un estado de *"reposo"* (Hebreos 4:9). ¿Puedes imaginar cómo el mundo podría ver a los creyentes si el cuerpo de Cristo entendería esta verdad?

El conocimiento de antemano de Dios

¿Entiendes que Dios sabe, y para siempre ha sabido, todo que tomará lugar en el futuro? Dios le dio al hombre libre albedrío para elegir lo que quiera, pero Dios sabe de antemano cuales opciones tomará (Salmo 139:1-4). Así, Dios posee conocimiento de antemano. Es esencial que entendamos este hecho, porque en Romanos 8:29 Pablo declara:

*Porque a los que de antemano conoció, también los predestinó a ser hechos
conforme a la imagen de su Hijo...* (Romanos 8:29)

Debemos tener cuidado aquí, porque algunos piensan que este pasaje enseña que Dios determina quien sí o no será salvo- que Dios sella nuestro destino <u>antes</u> de que nazcamos. Creen que una persona tiene que ser elegida a la salvación desde la eternidad pasada si va a ser salvado en algún momento después de su parto físico. ¿Es esta la interpretación correcta de las palabras de Pablo, o comunica algo completamente diferente?

Como expresado previamente, Dios tiene conocimiento de antemano. Sabe y siempre ha sabido todo que ha ocurrido, todo que ocurre, y todo que ocurrirá desde la eternidad en el pasado hasta la eternidad en el futuro. De hecho, todo lo que pasa desde la eternidad en el pasado hasta la eternidad en el futuro está constantemente ante Él. Consecuentemente, <u>no</u> se requiere que Dios cause todas las cosas para saber de todas las cosas, como algunos han asumido incorrectamente. Sus suposiciones les fuerzan a redefinir *"de antemano conoció"* como "predeterminó" o "predestinó," lo cual es completamente injusto al texto.

No se puede manipular, cambiar, o redefinir los términos para atentar validar una experiencia no bíblica o un sistema de pensamiento contradictorio. De hecho, nunca debemos permitir que una experiencia o un sistema de pensamiento dicten lo que aceptamos o rechazamos de la Palabra infaltable de Dios. Más bien, debemos permitir que la Palabra de Dios dicte lo que aceptamos o rechazamos de toda experiencia o sistema de pensamiento. La Escritura nunca está a merced de una manera particular de pensar. Mejor, toda manera de pensar debe ser a merced de las Escrituras. Cambiar la definición o significado de las palabras usadas en la Palabra Santa de Dios es acusación contra el Dios quien la escribió. No se debe permitir esta manipulación- sin importar quien lo ve como si fuera correcta.

La predestinación

Cada persona tiene libre albedrío y puede, en medio de su depravación, aceptar o rechazar a Cristo (Juan 1:12, Hechos 16:31, Hechos 26:18, Romanos 10:9-10, y muchos otros versículos). Después nos arrepentimos y creímos cuando estábamos depravados espiritualmente y el poder del Espíritu Santo nos puso en Cristo (1 Corintios 12:13), Dios nos *"predestinó"* (Romanos 8:29). ¿A qué nos *"predestinó"* después de ser colocados en Jesús? Somos predestinados *"a ser hechos conforme a la imagen de su Hijo..."* (Romanos 8:29), una conformidad que incluye recibir un cuerpo resucitado en el rapto de la iglesia. Esta verdad se confirmará por interpretar la escritura en su contexto, pues empezamos por revisar Romanos 8:29 y continuamos desde allí.

La frase, *"para que Él sea el primogénito entre muchos hermanos"* (Romanos 8:29), es poderosamente interesante. Pero para interpretarlo bien debemos notar su relación con las frases anteriores en el paisaje:

*Porque a los que de antemano conoció, también los predestinó a ser hechos
conforme a la imagen de su Hijo, para que Él sea el <u>primogénito</u> entre muchos
hermanos;* (Romanos 8:29)

Jesús es el *"primogénito"* del Padre en el sentido de que fue el primero en recibir su cuerpo resucitado. Colosenses 1:18 confirme este hecho:

...Él es el principio, el primogénito de entre los muertos... (Colosenses 1:18)

Si Jesús se describe como *"primogénito"* del Padre debido a su resurrección corporal (Colosenses 1:18), entonces Romanos 8:29 debe indicar, no solo la resurrección corporal de Jesús, pero también la resurrección corporal en el futuro de cada creyente.

...para que Él sea el primogénito entre muchos hermanos; (Romanos 8:29)

El hecho que somos parte de los *"muchos hermanos"* confirma que Dios nos *"predestinó"* (después de que usemos arrepentimiento y fe cuando estabamos depravados espiritualmente) a recibir un cuerpo glorificado en el rapto de la iglesia. Muchas bendiciones acompañan este evento maravilloso. Consecuentemente, los santos iglesiales vivirán por el milenio y el orden eterno en cuerpo glorificado, respondiendo correctamente a las diferentes opciones que tendrán. ¿Por qué? Cada santo iglesial vivirá en un cuerpo que no solamente no tiene el cerebro viejo, que archiva los hábitos impíos (y hábitos píos, también), pero un cuerpo que tampoco tiene el poder del pecado, un poder que vive en el cuerpo de cada creyente (y no creyente, también) durante su tiempo en la tierra (Romanos 7:23). Sin duda, el creyente ha sido dado un destino glorioso en el futuro- lo de recibir un cuerpo glorificado en el rapto de la iglesia.

Esta verdad cabe perfectamente con 1 Corintios 15:51-55:

"...no todos dormiremos, pero todos seremos transformados en un momento, en un abrir y cerrar de ojos, a la trompeta final, pues la trompeta sonará y los muertos resucitarán incorruptibles, y nosotros seremos transformados. Porque es necesario que esto corruptible se vista de incorrupción y esto mortal se vista de inmortalidad. Pero cuando esto corruptible se haya vestido de inmortalidad, entonces se cumplirá la palabra que está escrita: DEVORADA HA SIDO LA MUERTE en victoria. ¿DONDE ESTA, OH MUERTE, TU VICTORIA? ¿DONDE, OH SEPULCRO, TU AGUIJON? (1 Corintios 15:51-55)

Asegúrate hallar que la resurrección que se menciona en 1 Corintios 15:51-55 es diferente que la experiencia de Lázaro en Juan 11. Lázaro fue levantado a la vida natural, a la vida mortal, que significa que podría morir por segunda vez. El principio aplica a todos los que fueron levantados a la vida mortal, como Tabita en Hechos 9:36-43. El cuerpo de Jesús, de otro lado, fue resucitado a la vida inmortal, para que nunca muriera de nuevo. Así, junto con nuestro espíritu y nuestra alma siendo puestos en Cristo (después de arrepentirnos y creer cuando estabamos depravados espiritualmente) fuimos predestinados a recibir un cuerpo glorificado para que nosotros, en el momento del rapto, podamos recibir la misma vida inmortal.

Nota: cuando un creyente neotestamental muere, su alma y espíritu salen del cuerpo terrenal e instantáneamente entran el cielo (2 Corintios 5:8), mientras el cuerpo físico regresa a polvo. En el rapto, el alma y el espíritu del santo iglesial se reunirán con el cuerpo resucitado por toda la eternidad (1 Tesalonicenses 4:13-18).

Romanos 8:23 enseña la misma verdad sobre la predestinación cuando se lee con Efesios 1:15:

Y no sólo ella, sino que también nosotros mismos, que tenemos las primicias del Espíritu, aun nosotros mismos gemimos en nuestra interior, aguardando ansiosamente la adopción como hijos, la redención de nuestro cuerpo.
(Romanos 8:23)

La frase *"la adopción como hijos"* indica *"la redención de nuestro cuerpo"* (Romanos 8:23)- ese momento en el futuro en que recibimos nuestro cuerpo resucitado, glorificado e inmortal. Según Efesios 1:5, hemos sido predestinados a esta- *"la adopción como hijos."*

> *nos predestinó para adopción como hijos para sí mediante Jesucristo, conforme al beneplácito de su voluntad,* (Efesios 1:5)

Este versículo confirma que los creyente son predestinados para recibir cuerpos glorificados- no son predestinados para ser salvados. Entonces, ¿cuándo son predestinados? Son predestinados al mismo momento en que son puestos en Cristo después de usar la fe y el arrepentimiento cuando estaban depravados espiritualmente. Consecuentemente, si eres creyente, fuiste predestinado el momento que fuiste salvado. Esto significa que tu destino futuro es que un día recibirás un cuerpo glorificado y experimentarás todo beneficio que se asocia con esta transformación maravillosa.

Así la palabra *"predestinó"* (Romanos 8:29) se puede resumir con la siguiente declaración:

> No fuimos predestinados para ser salvados desde la eternidad en el pasado por decreto eternal de Dios. Mejor dicho que junto con ser salvados (justificados) por ser puestos en Cristo después de usar nuestra propia arrepentimiento y fe cuando estabamos depravados espiritualmente, recibimos un destino futuro glorioso de vivir un día en cuerpo glorificado.

La predestinación tiene que ver sólo con creyentes, porque Dios nos *"predestinó"* cuando nos hizo nuevos. Por eso, la predestinación no tiene nada que ver con quien será salvado o no, pero tiene todo que ver con que el creyente nuevo testamental recibe un cuerpo glorificado en el rapto de la iglesia. Porque el Padre posee conocimiento de antemano, sabe quién elegirá (mientras depravado espiritualmente) aceptar a Cristo y recibir este destino glorioso en el futuro- porque conocimiento de antemano significa "conocer antes." También sabe quién rechazará la oferta gratis de Cristo de salvación y las bendiciones resultantes. Consecuentemente, conocimiento de antemano significa "conocimiento de antemano." No se puede redefinir como "predeterminar" o "predestinar," como algunos han asumido incorrectamente.

La predestinación es simple cuando se estudia en contexto, ¿no? Los creyentes son predestinados (después de ser puestos en Cristo después de arrepentirse y creer cuando estaban depravados espiritualmente) para recibir un cuerpo glorificado en el rapto de la iglesia. ¿Qué parte de esto es complicada? ¡Ninguna! Son los sistemas de pensamiento contradictorios que trajeron la confusión. Para más información, puedes obtener una copia de God's Heart: As it Relates to Foreknowledge/Predestination [en inglés] que distribuye este ministerio.

Más Noticias Maravillosas

Pablo también enseña que *"a los que predestinó, a ésos también llamó"* (nombró o dio papel o posición en el cuerpo de Cristo), *"justificó"* (hizo inocente ante Él- como estudiamos en Romanos 5:1), y *"glorificó"* (v.30). Nota que la acción que se asocia con *"predestinó," "llamó," "justificó,"* y *"glorificó,"* es verbo en el pasado, que significa que si eres creyente, todavía eres predestinado, llamado, justificado, y glorificado.

El tiempo pasado de la palabra *"glorificó"* verifica que Dios ve nuestro alma y espíritu, quienes somos, como productos acabados. Tal vez, te preguntas, "¿Enseña Filipenses 3:21 que Jesús *'transformará el cuerpo de nuestro estado de humillación en conformidad al cuerpo de su gloria...,'*?" y "¿ocurre esto en algún momento después de la muerte?" Sin duda, recibirás tu cuerpo glorificado en algún momento en el futuro. Pero el término *"glorificó"* en Romanos 8:30 no se refiere a este evento maravilloso. *"Glorificó"* indica lo que pasó con nuestra alma y nuestro espíritu a la vez que fuimos puestos en Cristo y hechos nuevos- después de arrepentirnos y creer mientras estábamos depravados espiritualmente. Consecuentemente, cuando fuimos puestos en Cristo, después de usar fe y arrepentimiento mientras depravados espiritualmente, Dios *"glorificó"* nuestra alma y espíritu al nivel más alto posible- en un instante de tiempo. (Revisa la lección de semana 7.) Sí, cometimos actos de pecado mientras vivimos en nuestro cuerpo físico. Pero, aún mientras cometimos estos actos pecaminosos, somos santos a quienes Dios *"glorificó"* quienes se equivocan temporalmente, no somos ciudadanos desfavorables de segunda clase del reino. Recuerda que cuando pecamos, es el nuevo hombre quien ha pecado.

La provisión y protección impresionante de Dios

¿Tienes enemigos quienes tratan de interrumpir lo que Dios hace en y por ti? Si es así, Pablo tiene la respuesta a tu problema. Dice, *"Si Dios está por nosotros, ¿quién estará contra nosotros?"* (v.31). Entonces añade que Dios *"nos concederá...todas las cosas"* (v.32), que significa que proveerá abundantemente toda nuestra necesidad en el futuro. Pablo sigue en versículo 33 y 34 por declarar que nadie puede acusar *"a los escogidos de Dios."* ¿Por qué es así? *"Dios es el que justifica"* (Romanos 8:33, Romanos 5:1). Porque Jesús murió, se levantó, y asumió papel intercesorio para nosotros en el cielo, no se nos puede condenar. Si, Dios está por nosotros y nos apoya. De verdad, es nuestro amigo.

A veces, ¿dudas del amor de Dios? Si te enfrentes con dolor y dificultad, ¿significa que a Dios no le importas? Pablo tenía la habilidad de responder a preguntas de este tipo, como verificó Romanos 8:35-39. Después de pruebas y persecuciones intensas, todavía escribe:

> *Pero en todas estas cosas somos más que vencedores por medio de aquel que nos amó.* (Romanos 8:37)

Halló que la presencia de Cristo morando en nosotros vencería alguna dificultad, porque Cristo era su *"vida,"* (Colosenses 3:4). Sin embargo, para entender el significado de la presencia de Cristo en nuestra vida, normalmente, hay que sufrir. De hecho, el dolor nos permite decir con Pablo, *"...ni la muerte, ni la vida, ni ángeles, ni principados, ni lo presente, ni lo por venir, ni los poderes, ni lo alto, ni lo profundo, ni ninguna otra cosa creada nos podrá separar del amor de Dios que es en Cristo Jesús Señor nuestro."* (Romanos 8:38-39)

¿Todavía estás *"convencido"* (v.38)? Si no, puedes asegurarte que Dios sabe lo que necesitas para que tus pensamientos cambien. Debido a su amor inmenso, Él está determinado absolutamente que aprendas a vivir desde Su perspectiva- la única perspectiva que provee esperanza en medio de una sociedad inundado con caos, confusión y desesperanza.

Que Dios te bendiga, que Él use todo lo que hemos estudiado para transformar tu vida y la vida de ellos alrededor de ti. Toma cada oportunidad para conocerle al Señor tan íntimamente como sea posible. Entonces, estarás fascinado mientras Él, a través de tu personalidad única, enriquece y aumenta las vidas de los que persiguen el camino más excelente.

Piensa en las cosas que aprendiste. Muchos quienes estudiaron con nosotros regresaron hace meses o aún años y dijeron, "Finalmente empiezo a entender las cosas que aprendí en Romanos 1-8. Experimenté algunas circunstancias difíciles para entenderlo, pero el Señor sabía lo que necesitaba, y estoy agradecido."

Es la responsabilidad del Señor madurarte mientras te enfrentas a las variables de la vida. Por eso, toma Su mano grande y poderosa y permítele guiarte por el sol y la lluvia, dándote cuenta de que cada momento Él causa que todas cosas cooperen para tu bien.

Shalom.

Nota: Una versión avanzada de este estudio (*Advancing in Romans: From Faith to Faith* [en inglés]) está disponible si quieres aprender más. Hay que hacer el estudio fundacional que acabas de cumplir para prepararte para la profundidad del estudio. Ahora que estás preparado, por favor envíanos un email si tienes interés. Preguntas@lifeonthehill.org.

Diagrama 1

El hombre tiene tres partes

1 Tesalonicenses 5:23

Espíritu

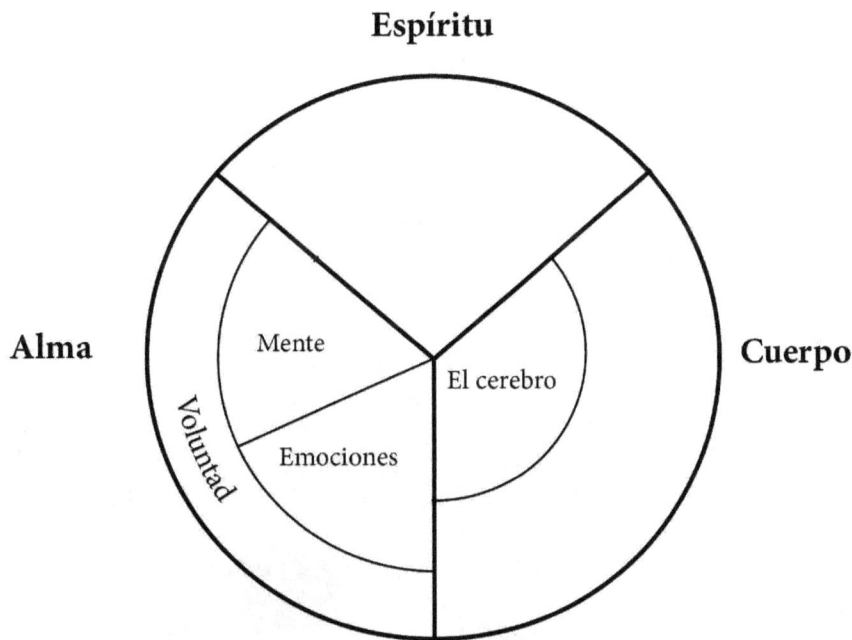

Alma   **Cuerpo**

Y que el mismo Dios de paz os santifique por completo; y que todo vuestro ser, espíritu, alma y cuerpo, sea preservado irreprensible para la venida de nuestro Señor Jesucristo. (1 Tesalonicenses 5:23)

Cuerpo: La morada del alma y el espíritu (2 Corintios 5:1-4). Date cuenta de que el cerebro es parte del cuerpo.

Alma: mente, emociones, y voluntad. El hombre piensa con la mente, siente con las emociones y elige con la voluntad.

Espíritu: La morada de la presencia de Dios en un creyente (Juan 14:16-17, 20, 23). Sin la presencia de Dios, esta parte del hombre está muerta a Dios (Génesis 2:17; Efesios 2:1). Es por medio del Espíritu que el hombre comunica con Dios (Juan 4:24), y Dios con el hombre (Juan 14:26).

Diagrama 2

El pecado (el poder del pecado) entró al hombre
Romanos 5:12

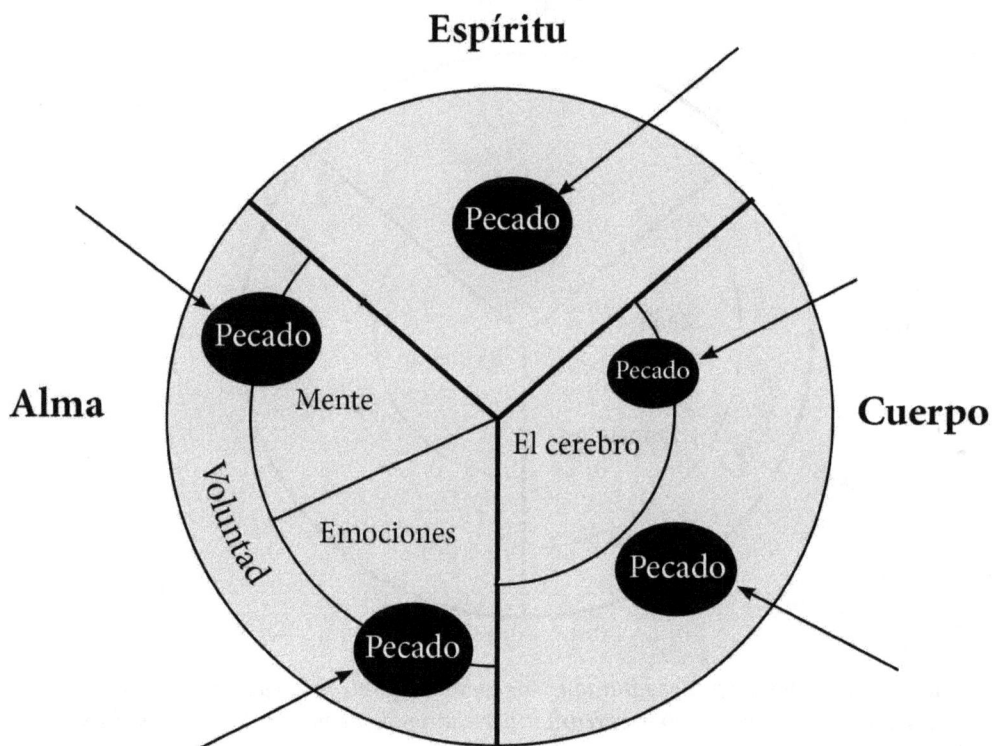

Por tanto, tal como el pecado entró en el mundo por un hombre, y la muerte por el pecado, así también la muerte se extendió a todos los hombres, porque todos pecaron, (Romanos 5:12)

Cuando Adán desobedeció a Dios, la ley del pecado (el poder del pecado, el pecado) empezó a habitar el espíritu, alma y cuerpo de Adán. Entonces, Adán se influyó por mensajes que recibió de la ley del pecado (el poder del pecado, el pecado).

Diagrama 3
El hombre sin Cristo
Romanos 5:12

Cuando Adán pecó, la na-
turaleza adámica nació. La
naturaleza adámica es alma
y espíritu. Como resultado,
era natural que Adán fue
controlado por el poder
del pecado que vivió en su
espíritu, alma y cuerpo.

El hombre nace en la
condición misma en que
Adán estaba después de
pecar. El hombre nace
separado espíritualmente
de Dios, pero no tanto
que sea incapaz de arre-
pentirse y creer con fe
personal mientras depra-
vado espíritualmente. El
poder del pecado produce
pensamientos impíos que
los depravados usualmente
acceptan como la verdad.

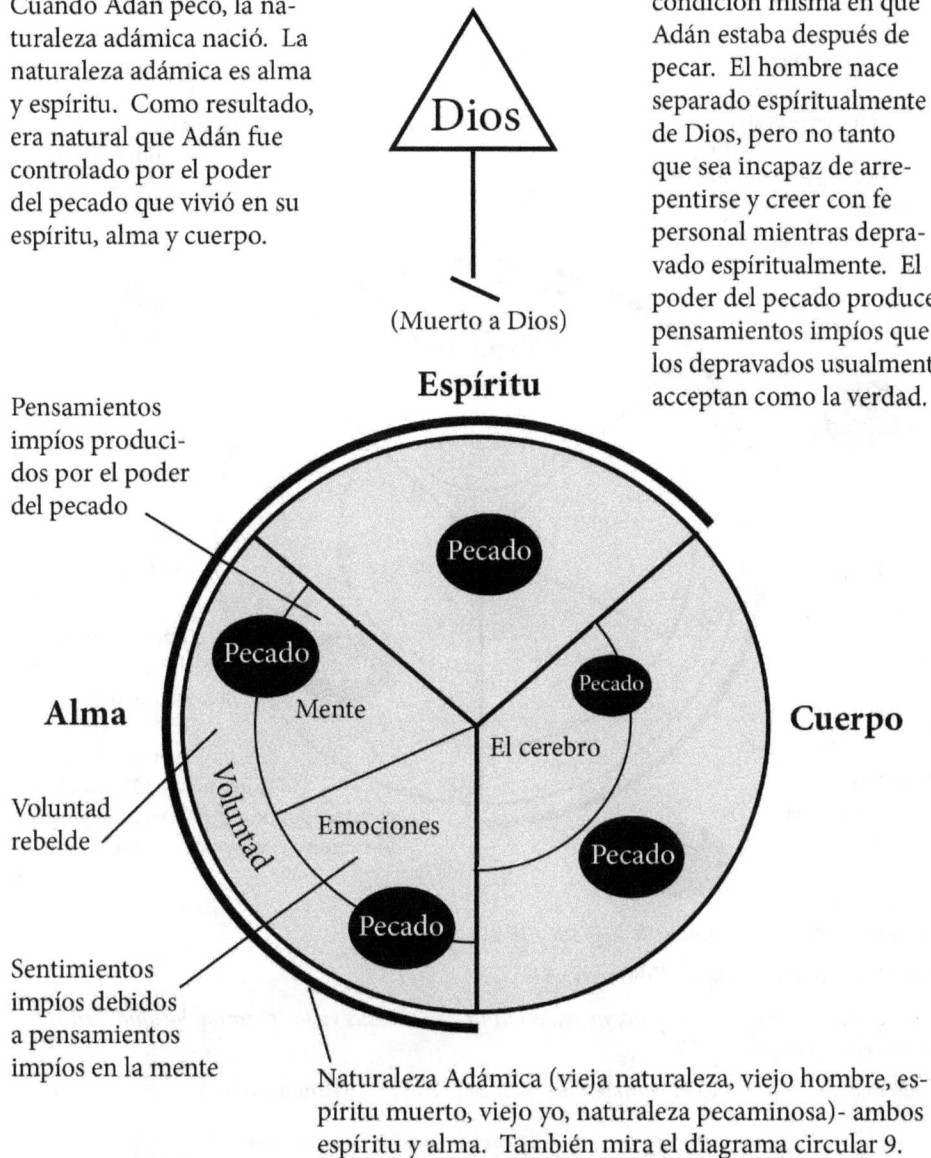

Dios

(Muerto a Dios)

Espíritu

Pensamientos
impíos produci-
dos por el poder
del pecado

Pecado

Pecado

Pecado

Alma   Mente   El cerebro   **Cuerpo**

Voluntad   Emociones

Voluntad
rebelde

Pecado

Pecado

Sentimientos
impíos debidos
a pensamientos
impíos en la mente

Naturaleza Adámica (vieja naturaleza, viejo hombre, espíritu muerto, viejo yo, naturaleza pecaminosa)- ambos
espíritu y alma. También mira el diagrama circular 9.

*Por tanto, tal como el pecado entró en el mundo por un hombre, y la muerte por el
pecado, así también la muerte se extendió a todos los hombres, porque todos pecaron,*
(Romanos 5:12)

Diagrama 4

El hombre con Cristo

2 Corintios 5:17

El viejo yo

La naturaleza Adámica (vieja naturaleza, viejo hombre, espíritu muerto, viejo yo, naturaleza pecaminosa) es crucificada y erradicada al momento en que nos arrepentimos y creemos mientras depravados espíritualmente. Es crucificada con Cristo (Romanos 6:6).

El espíritu está vivo para Dios

El poder del pecado está expulsado del espíritu y del alma del creyente cuando ocurre la salvación. Sin embargo, el poder del pecado permanence en el cuerpo.

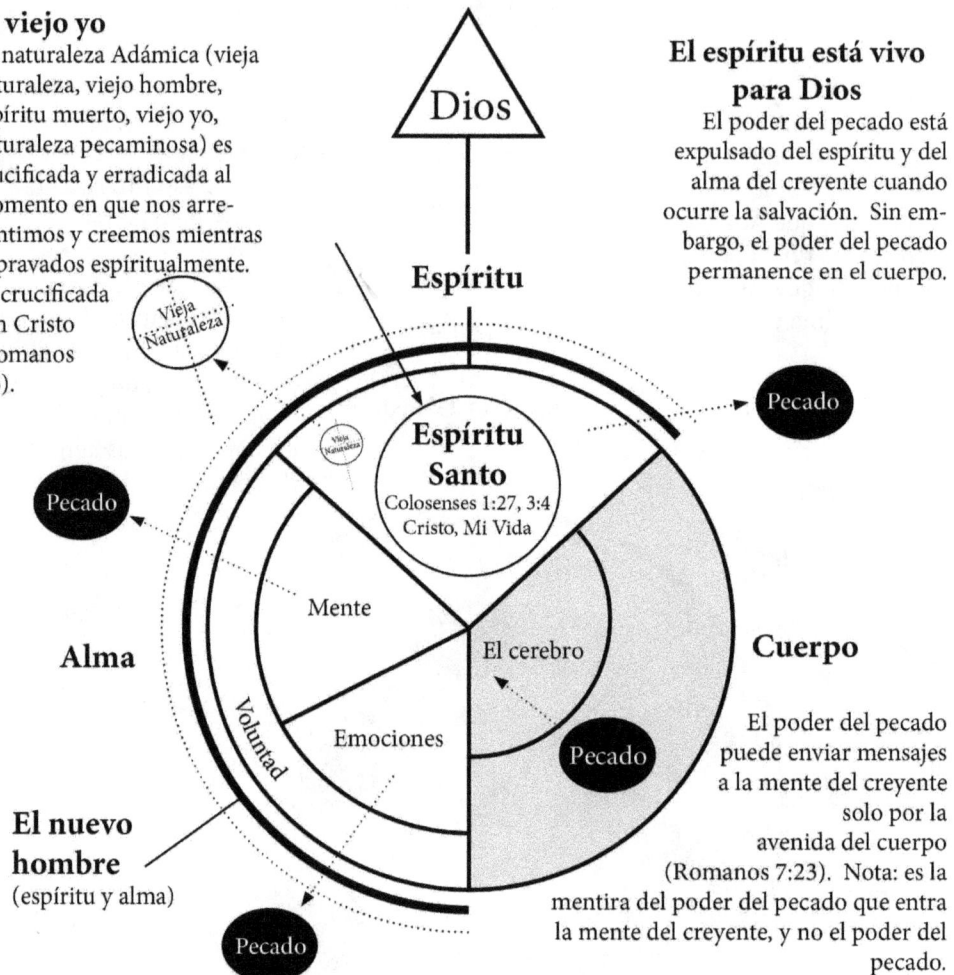

Dios

Espíritu

Vieja Naturaleza

Vieja Naturaleza

Espíritu Santo
Colosenses 1:27, 3:4
Cristo, Mi Vida

Pecado

Pecado

Mente

Alma

El cerebro

Cuerpo

El poder del pecado puede enviar mensajes a la mente del creyente solo por la avenida del cuerpo (Romanos 7:23). Nota: es la mentira del poder del pecado que entra la mente del creyente, y no el poder del pecado.

Voluntad

Emociones

Pecado

El nuevo hombre
(espíritu y alma)

Pecado

...Cristo en vosotros, la esperanza de la gloria. (Colosenses 1:27)

Cuando Cristo, nuestra vida... (Colosenses 3:4)

De modo que si alguno esta en Cristo, nueva criatura es; las cosas viejas pasaron; he aquí, son hechas nuevas. (Corintios 5:17)

Sabiendo esto, que nuestro viejo hombre fue crucificado con Él... (Romanos 6:6)

...mayor es Él que está en vosotros que él que está en el mundo. (1 Juan 4:4)

Pero veo otra ley en los miembros de mi cuerpo que hace guerra contra la ley de mi mente, y me hace prisionero de la ley del pecado que está en mis miembros. (Romanos 7:23)

Diagrama 5

La manera en que funcionamos

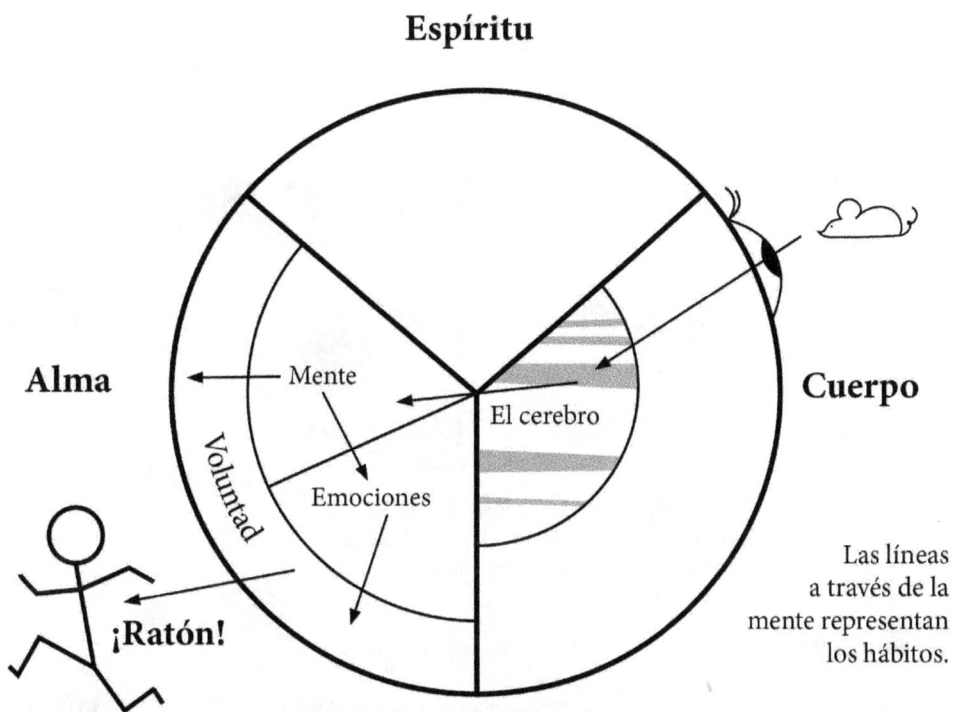

Espíritu

Alma

Mente

El cerebro

Voluntad

Emociones

¡Ratón!

Cuerpo

Las líneas
a través de la
mente representan
los hábitos.

Diagrama 6

Como se vence el poder del pecado

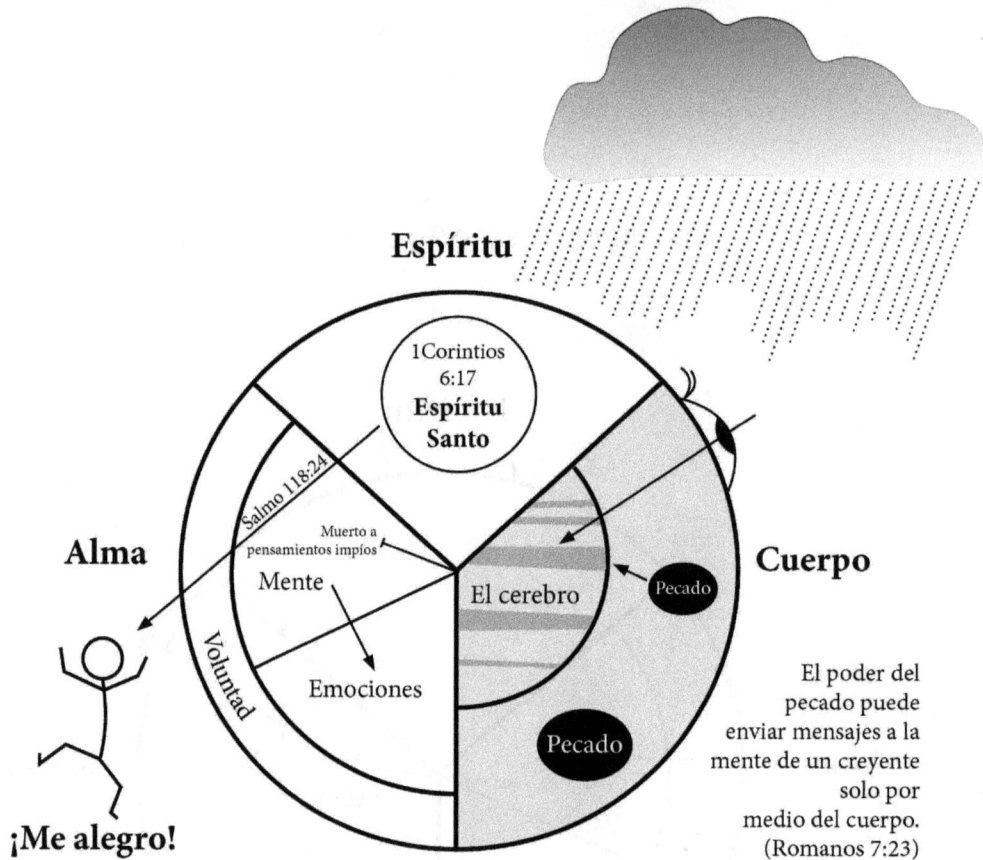

Espíritu

1Corintios
6:17
**Espíritu
Santo**

Salmo 118:24

Muerto a
pensamientos impíos

Alma

Mente

Voluntad

El cerebro

Pecado

Cuerpo

Emociones

Pecado

El poder del
pecado puede
enviar mensajes a la
mente de un creyente
solo por
medio del cuerpo.
(Romanos 7:23)

¡Me alegro!

La mente no está más esclavizada a los pensamientos impíos.
Mi espíritu y el Espíritu Santo están únidos. Por eso, puedo
responder a la verdad que el Espíritu Santo trae a la mente y
puedo andar victoriosamente.

Pero el que se une al Señor, es un espíritu con Él. (1Corintios 6:17)

Este es el día que el Señor ha hecho; regocijémonos y alegrémonos en él. (Salmos 118:24)

Todos nuestros hábitos (buenos y malos) se archivan en el cerebro, y el cerebro es parte del
cuerpo físico. Mientras vivimos en nuestra condición perdida, desarollamos muchos hábitos
impíos. También desarrollamos hábitos impíos después de hacernos creyentes. Lo hacemos
por ceder repetidamente a la mentira del poder del pecado en un área particular de la vida.
El mensajero de Satanás (el poder del pecado) envía pensamientos pecaminosos a nuestra
mente por medio de los hábitos impíos (Romanos 7:17, 20 y 23). Lo hace por dos razones:
(1) para causarnos pensar que generamos los pensamientos impíos que entran en la mente
(2) para engañarnos a creer que todavía vive el viejo hombre.

Nota: Estos hábitos se reducen en tamaño (intensidad) mientras maduramos en el Señor y
aprendemos andar por Su Espíritu.

Diagrama 7

El pecado en control

Romanos 6:12

Andar (o vivir) conforme a la carne

Romanos 8:4-5

El poder del pecado usará cualquier estímulo para engañarnos: nubes, personas, lugares, etcétera.

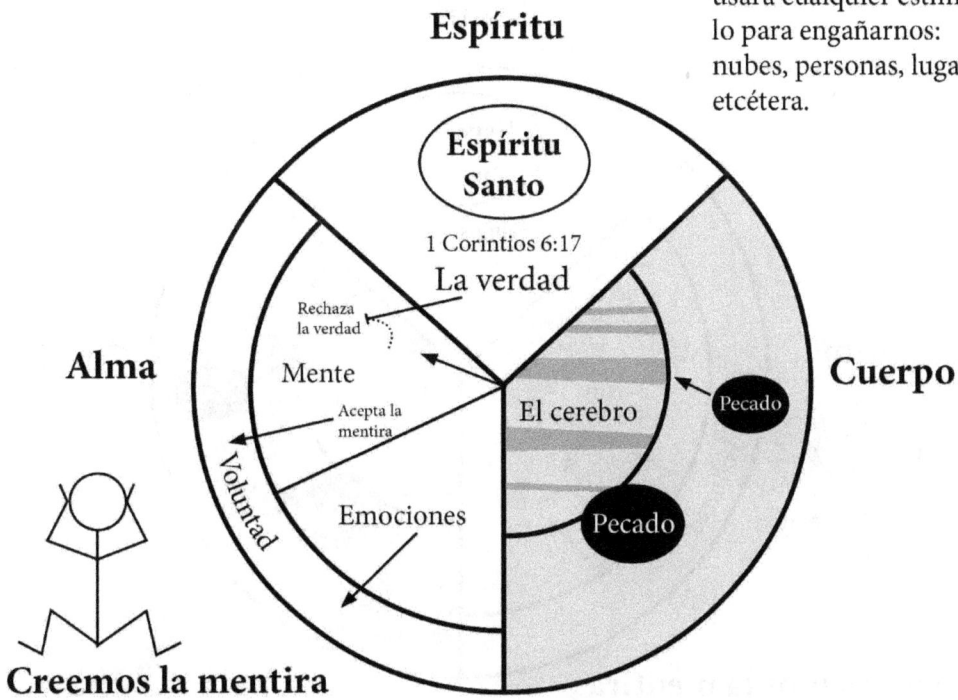

Espíritu

Espíritu Santo

1 Corintios 6:17

La verdad

Rechaza la verdad

Alma   **Cuerpo**

Mente

Acepta la mentira

El cerebro   Pecado

Voluntad

Emociones

Pecado

Creemos la mentira

Cuando andamos conforme a la carne, fallamos en considerarnos muertos para la mentira que el poder del pecado ha enviado a la mente (Romanos 6:11). También fallamos en responder a la verdad que el Espíritu de Dios ha enviado a la mente. Cuando esto ocurre, el nuevo hombre peca.

> *Por tanto, no reine el pecado en vuestro cuerpo mortal para que no obedezcáis sus lujurias,* (Romanos 6:12)

> *Para que el requisito de la ley se cumpliera en nosotros, que no andamos conforme a la carne, sino conforme al Espíritu. Porque los que viven conforme a la carne, ponen la mente en las cosas de la carne, pero los que viven conforme al Espíritu, en las cosas del Espíritu.* (Romanos 8:4-5)

Cuando andamos conforme a la carne, hemos creído la mentira del poder del pecado y andado conforme a uno de los hábitos impios en el cerebro (el cerebro es carne).

Diagrama 8

Espíritu en control

Romanos 6:13

Andar (o vivir) conforme al espíritu

Romanos 8:4-5

El poder del pecado usará cualquier estímulo para engañarnos: nubes, personas, lugares, etcétera.

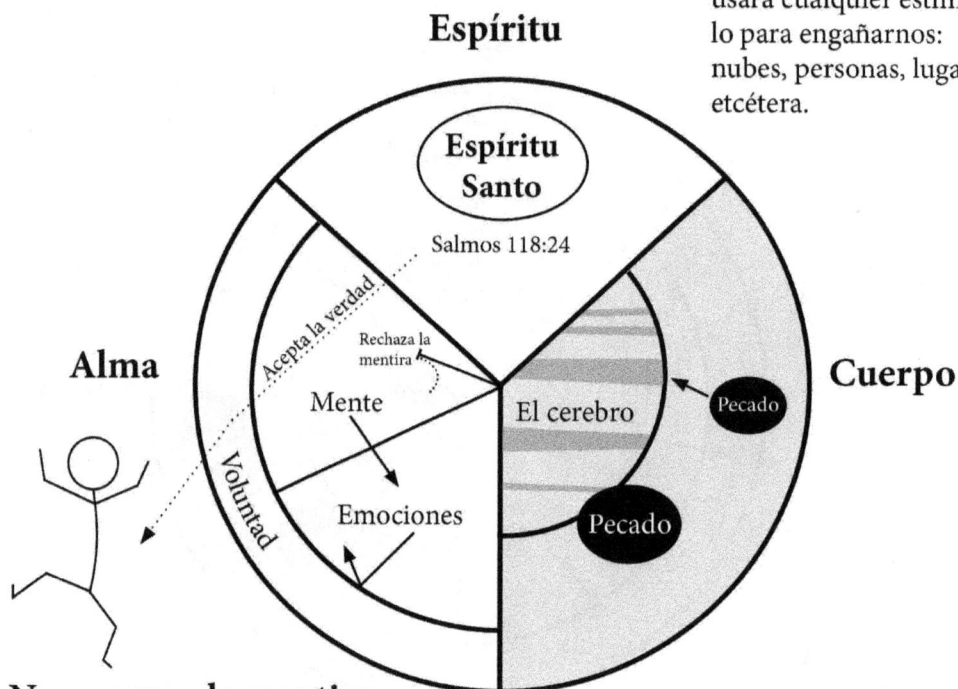

Espíritu

Espíritu Santo

Salmos 118:24

Acepta la verdad

Rechaza la mentira

Alma

Mente

Cuerpo

Voluntad

El cerebro

Pecado

Emociones

Pecado

No creemos la mentira

Mi mente no es esclava a los pensamientos malos que produce el poder del pecado. Mi espíritu nuevo y el Espíritu Santo están únidos (1 Corintios 6:17).

Cuando andamos conforme al Espíritu, nos consideramos muertos a la mentira que el poder del pecado envía a la mente (Romanos 6:11). También respondemos a la verdad que el Espíritu de Dios envió a la mente, y por eso no permitimos que el poder del pecado reine (Romanos 6:12).

Ni presentéis los miembros de vuestro cuerpo al pecado como instrumetos de iniquidad, sino presentaos vosotros mismos a Dios como vivos de entre los muertos y vuestros miembros a Dios como intrumentos de justicia. (Romanos 6:13)

Para que el requisito de la ley se cumpliera en nosotros, que no andamos conforme a la carne, sino conforme al Espíritu. Porque los que viven conforme a la carne, ponen la mente en las cosas de la carne, pero los que viven conforme al Espíritu, en las cosas del Espíritu. (Romanos 8:4-5)

Diagrama 9

El viejo hombre era alma y espíritu

El viejo yo

(Naturaleza Adámica, vieja naturaleza, viejo hombre, espíritu muerto, viejo yo, naturaleza peca-dora)

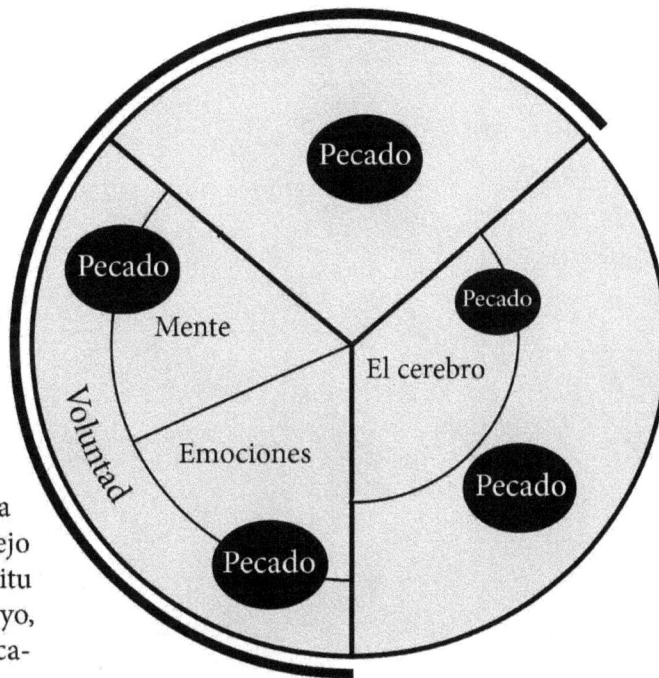

Pecado

Pecado

Mente

El cerebro

Pecado

Voluntad

Emociones

Pecado

Pecado

El nuevo hombre es alma y espíritu

El nuevo yo

El nuevo hombre

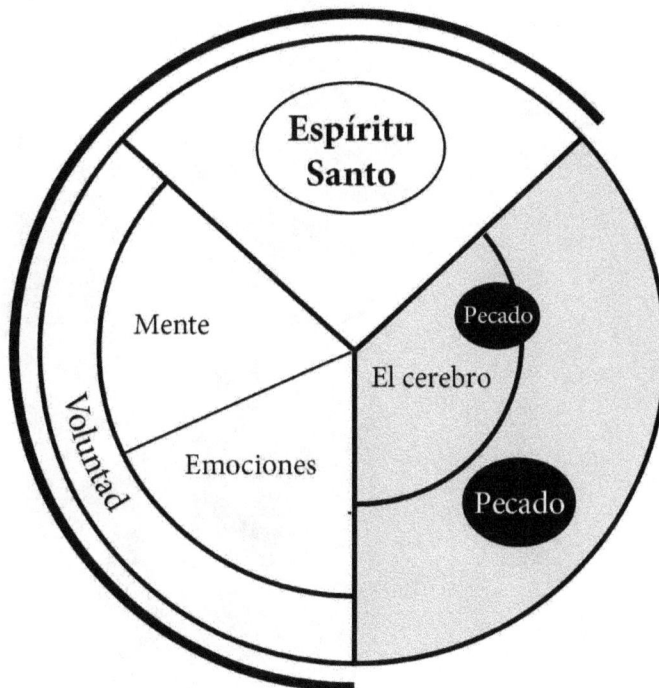

Espíritu Santo

Mente

El cerebro

Pecado

Voluntad

Emociones

Pecado

[i] Dave Hunt, What Love Is This?, Third Edition, Publicado por the Berean Call, ©2006, Page 452, Usado con

[ii] Wycliffe Bible Commentary, Editado by Charles F. Pfeiffer (OT) and Everett F. Harrison (NT), ©1962, 1990 The Moody Bible Institute of Chicago.

[iii] Vines Expository Dictionary of New Testament Words, By W. E. Vine, Merrill F. Unger, and William White Jr., Copyright ©1996 Thomas Nelson.